宮帯茶人
ブックレット

立花宗茂

将軍相伴衆としての後半生

岡　宏憲 著

宮帯出版社

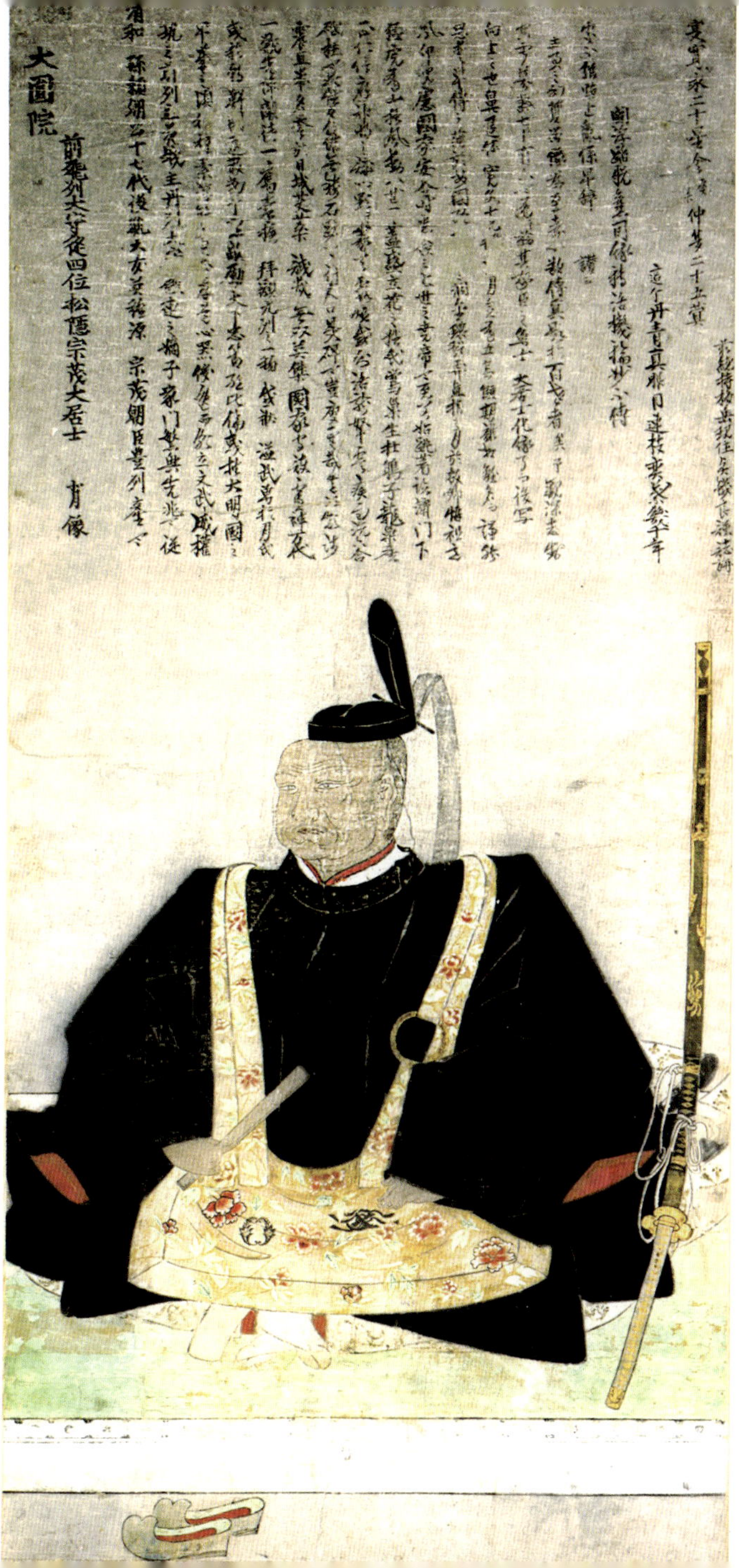

立花宗茂像（梅岳〈福厳〉寺僧点蟣良謹賛、福厳寺蔵、柳川古文書館寄託）

宗茂が亡くなった翌年に描かれた肖像で、立斎《りゅうさい》と号した宗茂晩年の姿を伝えるものである。身につけた袈裟《けさ》と太刀拵《こしらえ》に、定型化する以前の杏葉《ぎょうよう》紋と祇園守《ぎおんまもり》紋が描かれている。

伊予《いよ》札縫延《ざねぬいのべ》栗色革包《かわづつみ》仏《ほとけ》丸胴具足

（〈公財〉立花家史料館 蔵）

立花家を代表する甲冑で、宗茂所用と伝わる。兜と胴は潤塗《うるみ》り、草摺《くさずり》は朱漆り、佩楯《はいだて》は銀箔押しという非常にシンプルながらシックにまとめた桃山期の名品である。兜は典型的な頭形《ずなり》形式ながら、銀箔押しの輪《わ》抜きと黒鳥毛の後立てがアクセントになっている。

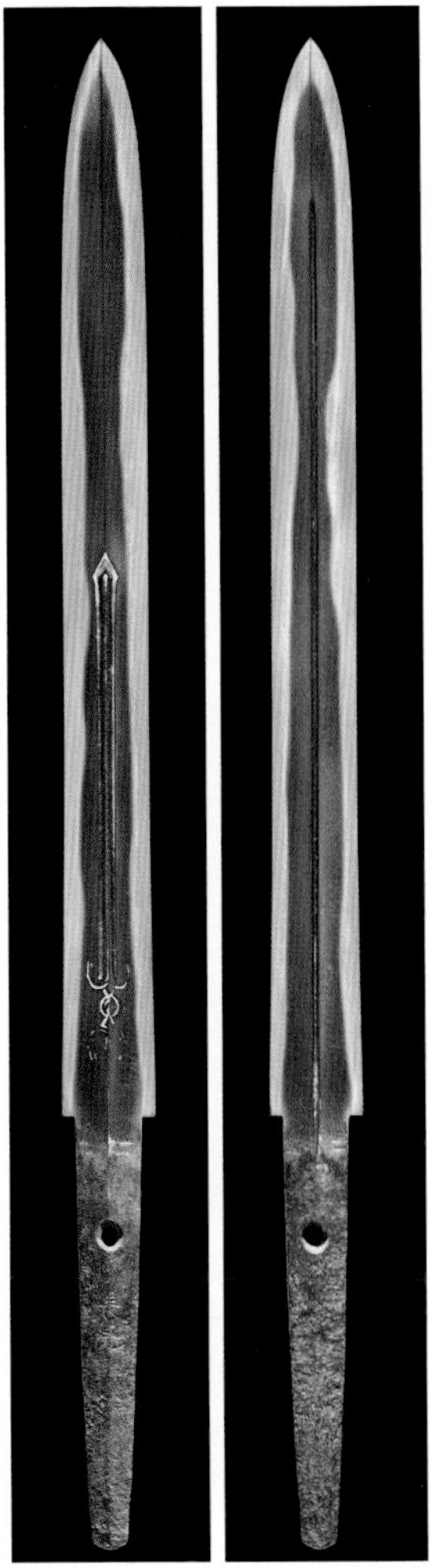

重文

剣　銘「長光《ながみつ》」

〈公財〉立花家史料館蔵

刃長：25.3cm

宗茂はこの剣を実父・高橋紹運の形見として、常に身から離さなかったという。宗茂が道雪のもとに養子に行く日、紹運から、万が一敵味方になった場合、これで自分を討て、と手渡されたという逸話が残る。長光は長船《おさふね》派の祖光忠の子で、同派を代表する名工。鎬《しのぎ》の低いやや細身の剣である。板目肌にのたれ刃を物打ちあたりで高く焼く。表の鎬に三鈷柄剣《さんこづかけん》、裏は細い棒樋《ひ》を彫る。

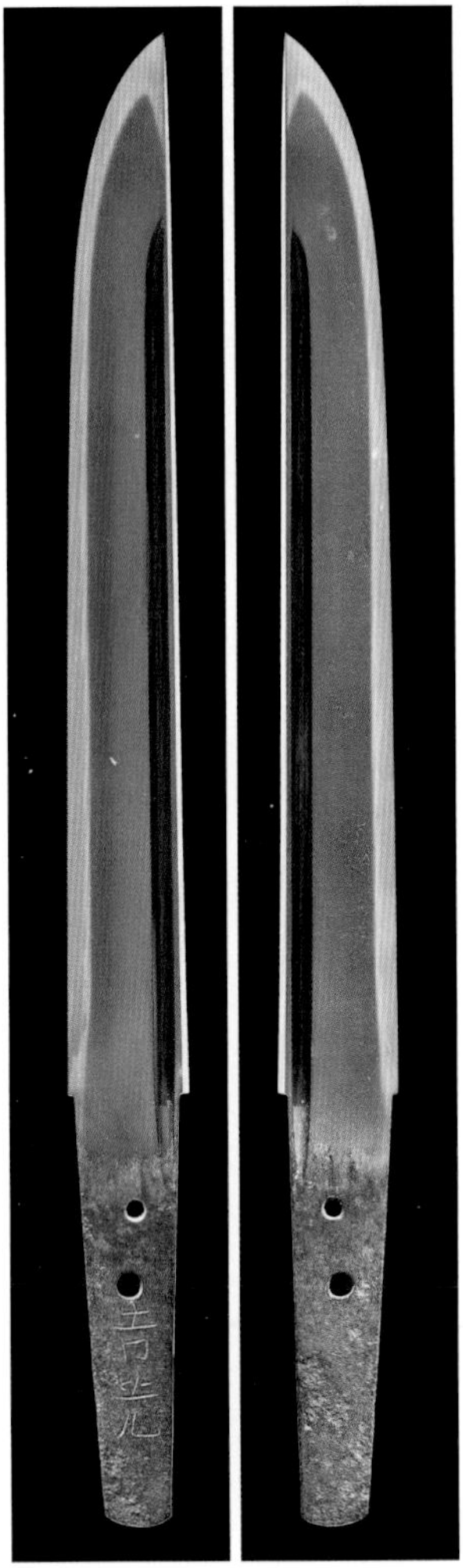

国宝

短刀　銘「吉光《よしみつ》」

〈公財〉立花家史料館蔵

刃長：23.2cm

立花家の先祖が足利尊氏から拝領したという伝承がある名刀。大友家から伝来した源頼朝の旗、結城親光の首を据えた血染めの鉄扇とともに、立花家の三家宝として大切にされてきた。粟田口の名工 藤四郎吉光の作としては身幅広く寸の詰まった異色の短刀。小板目に刃文は互《ぐ》の目交じりの直刃《すぐは》調に焼く。帽子は沸《にえ》づき掃き掛けごころに小さく返る。地刃ともに健全な名品。

同じく下谷の下屋敷で余生を過ごした。下屋敷には寛永15年（1638）9月5日と、翌年7月18日に将軍家光の御成があったことから、露地（庭園）のほか、数寄屋・書院もあったことがうかがわれる。

如意亭図《にょいていず》（長谷川雪堤筆、〈公財〉立花家史料館蔵）

江戸下谷にあった柳川藩上屋敷の庭園を描いた図。満開の桜と紅葉があるなど、最も美しい場面が同時に描かれる。宗茂は、寛永6年（1629）までこの上屋敷に居住し、その後は忠茂に家督を譲って↗

唐物褐釉四耳蓮華王茶壺（〈公財〉立花家史料館蔵）

宗茂が大坂城で豊臣秀吉から拝領したと伝わる南宋から元時代（13〜14世紀）に焼かれた茶壺。肩に耳が四つつけられ、耳の間に「蓮華王印」がある。全体が大きく四つに割れて漆で補修された痕跡がある。呂宋《るそん》（唐物）茶壺は信長・秀吉の時代において、茶道具の筆頭に位置づけられていた。

瀬戸鉄釉二筋四耳茶壺　銘「養老」（〈公財〉立花家史料館蔵）

寛永16年（1639）7月18日、宗茂邸（柳川藩下屋敷）への将軍家光の御成で、家光から賜ったという伝承がある。本品は桃山時代に焼かれたもので、肩に四耳を施し、その部分に二筋の陽線をめぐらせている。鉄釉が刷毛で塗られており、力強い躍動感を醸し出している。

貝彫双鷺《そうろ》図香合（〈公財〉立花家史料館蔵）

寛永15年（1638）もしくは翌16年の将軍家光の柳川藩下屋敷御成の際に宗茂が拝領した、極めて珍しいものである。楕円形の貝に青海波《せいがいは》を地模様とし、草花が植えられた水辺にたたずむ二羽の鷺《さぎ》が彫られている。

朱塗金箔押輪花天目台（〈公財〉立花家史料館蔵）

桃山時代に作られた華麗な天目台。朱漆塗で酸漿《ほおずき》（茶碗を受ける部分）と土居《どい》（高台）に金箔を施している。これに天目茶碗を乗せて茶を点て、貴人に供した。

はじめに

平成二十九年（二〇一七）は立花宗茂生誕四五〇年の記念の年である。関ヶ原合戦にて改易され牢人となりながら、大名として復活し、旧領を回復した唯一の武将として近年注目されてきている。

宗茂の武勇や政治についての既刊書は多いが、従来の研究では宗茂（立斎）の茶の湯についての取り扱いは少ない。本書ではその比重を逆転させ、茶人としての側面を中心に、関連史料や図版を多く盛り込むことで、宗茂の茶の湯について明らかにしていきたい。

一次史料などを多用したため読みづらい内容となってしまったが、極力多くの解説を付け、補うように心がけた。各章の項目は、一見それぞれ関係がないように思われるかもしれないが、最終的に宗茂の茶の湯を構成するパーツとなっていく。

内容について予告しておくと、まず第一章は立花宗茂という人物を知らない方のために、その事績について通史的にまとめた。また第二章では宗茂の茶の湯の先行研究について取り上げている。第三章以降がオリジナルな内容となり、第三章と第四章が宗茂の茶の湯の起点となった京都との関係、第五章が次のステージへと導いた徳川将軍との関係、第六章が宗茂の茶の湯を支えた細川忠興との関係、第七章では宗茂に関連する茶道具について取り上げている。

宗茂の茶の湯はこれらのパーツが組み上げられる中で構成されていく。そうした背景について叙述していきたい。

立花宗茂——将軍相伴衆としての後半生　目次

第一章　武将としての事績

本章では立花宗茂の武将としての事績について、当時の九州の情勢や豊臣家・徳川家との関係を交え、通史的に見ていきたい。大友家の家臣の子として生まれ、豊臣秀吉に大名に取り立てられ、関ヶ原合戦にて敗軍の将となるも、徳川秀忠の寵愛《ちょうあい》を受けて旧領を回復するドラマティックな生涯について振り返る。

宗茂誕生

立花宗茂像
(〈公財〉立花家史料館蔵)

宗茂は幼名を千熊丸といい、永禄十年(一五六七)に高橋紹運《じょううん》(鎮種《しげたね》)と斎藤鎮実《しげざね》の娘(後の宋雲院《そううんいん》)との間に生まれた。実父の鎮種は大友家の家臣で、天正元年(一五七三)頃に、二十代半ばで出家し紹運と号した。宗茂の兄弟は弟が一人、姉妹が四人いたとされ、弟の統増《むねます》は高橋家を継ぐが、後に名字を立花に改め、直次《なおつぐ》と名乗る。

立花宗茂の実父 高橋紹運像
（天叟寺蔵、柳川古文書館 提供）

立花宗茂の実母 宋雲院像
（天叟寺蔵、〈公財〉立花家史料館 提供）

宗茂の幼少期はほとんど知られておらず、永禄十二年（一五六九）に実父の紹運が高橋家を継ぎ、筑前国《ちくぜんのくに》岩屋城《いわやじょう》（福岡県太宰府市）に移った際、同時に宗茂も移ったとみられる。宗茂が十二歳と、若くして初陣を飾ったとされる後年の史料が残されているが、実態は明らかではない。

さて、紹運を「実父」と表記した以上、それに対応する「養父」が存在する。よく宗茂の父については「二人の父」と評されるが、そのうちの養父が戸次道雪《べっきどうせつ》（鑑連《あきつら》）である。道雪も大友家の家臣で、元亀二年（一五七一）に筑前国立花山城《たちばなやまじょう》（福岡県新宮町・久山町・福岡市東区、以下「立花城」とする）に入る。これにより、道雪は立花家の家督を継承したこととなるが、

立花山城絵図（重要文化財、〈公財〉立花家史料館蔵、柳川古文書館寄託）

道雪は立花姓を名乗らず、生涯戸次姓であった。なお、道雪は天正三年（一五七五）に七歳の娘・誾千代《ぎんちよ》に家督を譲る。これは全国的にも数少ない、女城主の一事例である。

　この「二人の父」は、ともに戦国大名の大友家の家臣である。宗茂の事績を語るにあたり、大友家と九州の動向は避けて通れないため、若干紙面を割いて次に概説する。

大友宗麟とその領国

　大友宗麟《そうりん》（義鎮《よししげ》）は、享禄三年（一五三〇）、大友義鑑《よしあき》の長男として豊後に生まれる。大友家は、義鑑の時代には豊後・肥後の守護職であったが、宗麟の代に肥前・豊前・筑前・筑後の守

戸次道雪像
（福厳寺蔵、柳川古文書館提供）

闇千代像
（良清寺蔵、〈公財〉立花家史料館提供）

護職を得て、永禄二年（一五五九）に「六ヶ国守護」にまで勢力を拡大させる。

しかし大友家の領国は常に安定していたわけではなく、豊後を除く地域の領主とは密接な絆で結ばれてはいなかった。そのため、東から毛利元就の圧力が強まると、永禄八年（一五六五）には立花鑑載《あきとし》が、また永禄九年（一五六六）には高橋鑑種《あきたね》・秋月種実《たねざね》・筑紫広門《ちくしひろかど》が反旗を翻した。これらの反乱は戸次道雪らによって鎮圧されるが、このように大友家の力が弱まると麾下《きか》の武将が反乱を起こし、鎮圧されて大友氏の勢力が安定すると従う、といったことを繰り返していたのが、当時の九州の情勢であった。

また、南から島津家が侵攻し、天正六年

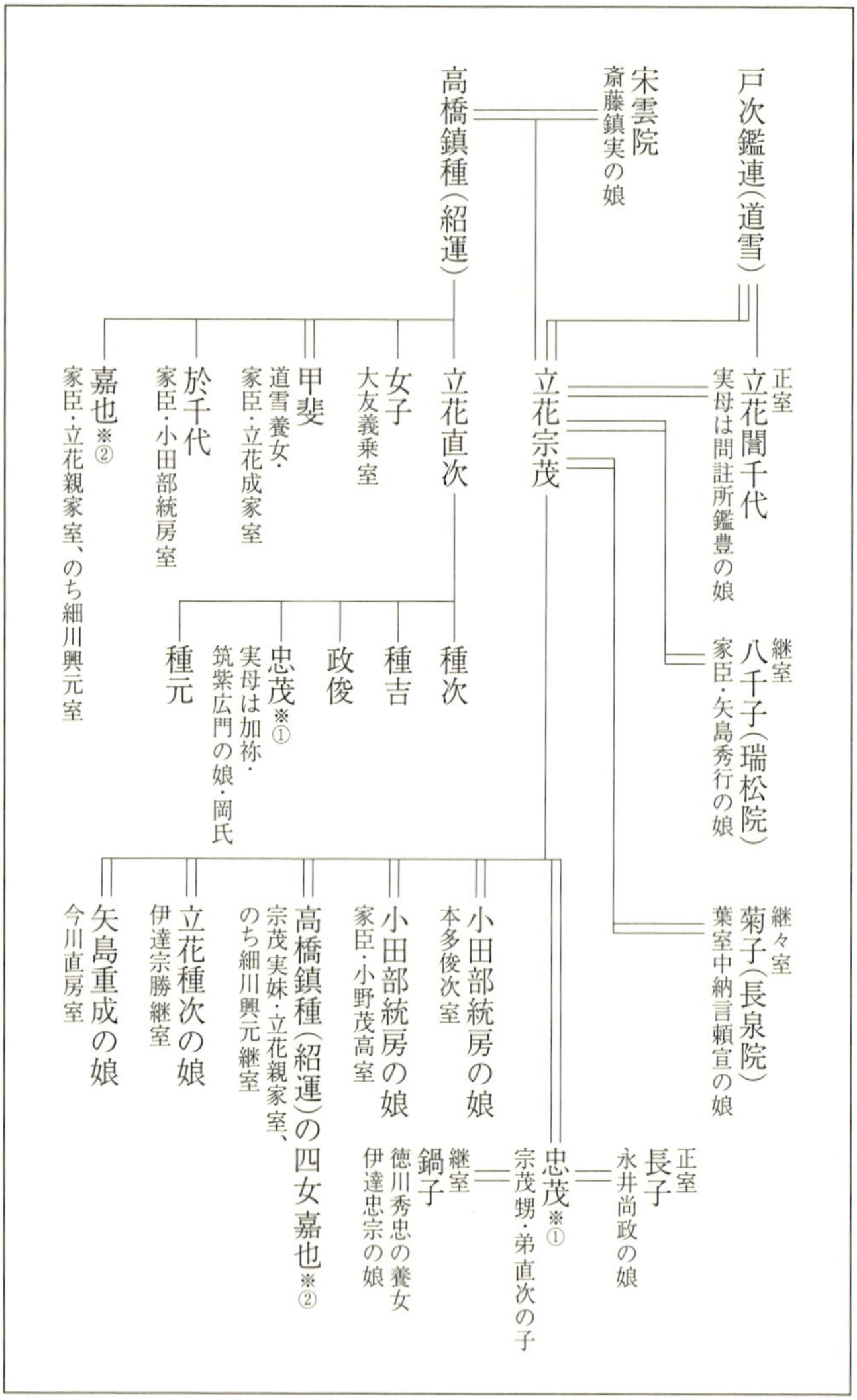

立花宗茂 関係系図（※は同一人物）

（一五七八）、耳川にて両軍が激突すると、大友軍は大敗を喫する。これを機に、肥前の龍造寺隆信《りゅうぞうじたかのぶ》や秋月種実・筑紫広門が再び叛き、さらには宗像氏・麻生氏・原田氏なども呼応した。大友家は窮地に立たされるが、このような中、忠臣として宗麟を支えたのが、宗茂の「二人の父」である戸次道雪と高橋紹運であった。

龍造寺氏の台頭により、大友・島津・龍造寺の「三者鼎立《ていりつ》」となり、一時期バランスがとられるが、天正十二年（一五八四）に龍造寺隆信が島原における島津軍との合戦で戦死すると均衡が崩れ、島津氏の猛烈な勢いに大友家の領国は蹂躙《じゅうりん》される。天正十三年（一五八五）には戸次道雪が陣中にて死去、翌天正十四年（一五八六）には岩屋城において高橋紹運が島津軍の大軍の前に戦死する。大友家の領国は豊後と立花城を残し、ほとんどが島津氏に侵略され、もはや滅亡は目の前に迫っていた。

この窮地に宗麟は豊臣秀吉に救いの手を求めた。天正十四年四月、宗麟は密かに大坂に向かい秀吉に拝謁していた。そこで秀吉より救援の

大友宗麟像（大徳寺瑞峯院蔵）

天正6年(1578)耳川合戦前の勢力図
(『戦国大名　九州の群雄とアジアの波涛』の挿図をもとに作成)

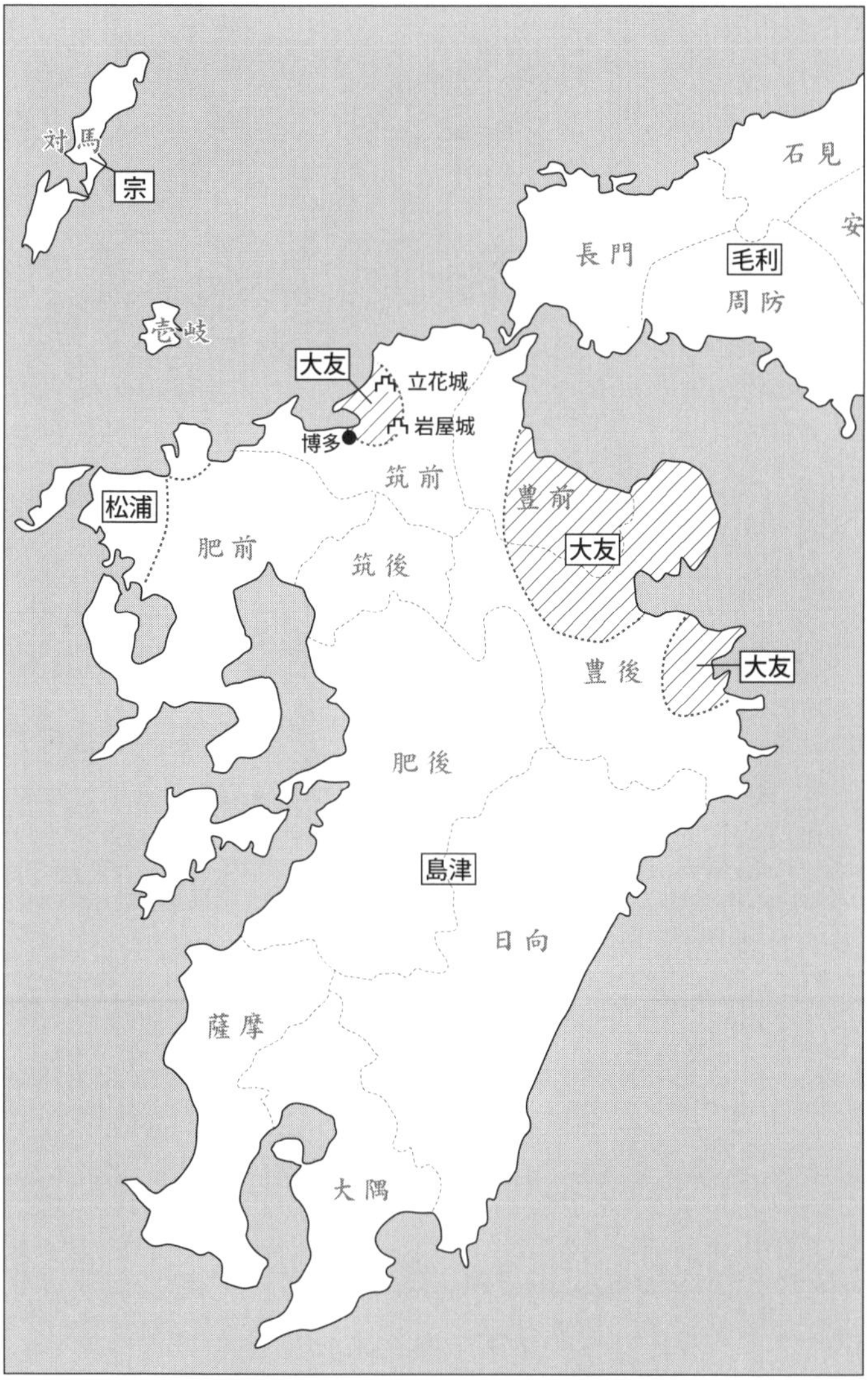

天正14年（1586）耳川合戦後の勢力図
（同右）

立花宗茂所用 金白檀塗色々威壺袖一双（柳川古文書館蔵）宗茂が大友宗麟より拝領し、文禄の役の際に家臣小野成幸に下賜したものと考えられる。

確約を得たが、六月には島津軍が大軍を率いて北上、前述のように七月に高橋紹運が戦死する。島津軍は、立花城を守る宗茂に開城を迫るが宗茂は拒否し、逆に援軍を警戒して撤退した島津軍を追撃、島津方に落ちた岩屋城などを奪還する。

その後、秀吉軍は本格的に島津討伐を開始し、翌天正十五年（一五八七）五月八日に島津義久は降伏する。この降伏を見届けることなく、宗麟は二日前の五月六日に、津久見（大分県津久見市）にて病死する。享年五十八歳であった。

宗麟没後、秀吉の九州平定により宗麟の子・義統《よしむね》は豊前一国を宛がわれる。しかし文禄の役において、戦線離脱したことを事由に改易処分とされてしまう。秀吉没後は赦免されるが、関ヶ原合戦において西軍に加担し、九州にて東軍大名と兵刃を交える。そのため義統は幽閉され、慶長十年（一六〇五）に常陸国宍戸《ひたちのくにししど》（茨城県笠間市）にて死去する。その後の大友氏であるが、歴史ある旧家であったため家の存続は許され、高家《こうけ》（江戸幕府の儀式典礼を管掌する職）として残された。

宗麟と茶の湯

キリシタン大名として知られる宗麟であるが、受洗したのは天正六年（一五七八）の四十九歳の時であり、その生涯の多くは禅宗を信仰していた。宗麟は大徳寺塔頭《たっちゅう》の瑞峯院を創建し、大徳寺の高僧・怡雲宗悦《いうんそうえつ》を招き、寿林寺《じゅりんじ》を建立した。

宗麟は永禄年間の初め（一五六〇年）頃より茶の湯に関心を持ち、茶道具の蒐集《しゅうしゅう》を始めていたとされる。その多くは、博多商人の島井宗室（一五三九〜一六一五）を通じて入手しており、立川輝信氏は「大友宗麟と茶道」（『大分縣地方史』第13〜16合併号、一九五八年）の中で、史料「大友興廃記」に記された「宗麟公御所持の茶湯道具並絵讃の名物」四十点余りを紹介している。著名な茶道具としては、大名物の唐物漢作茶入の「似茄子《にたり》」、後に徳川家康から水戸徳川家に伝わった大名物の漢作唐物茶入の「新田肩衝《にったかたつき》」、大名物唐物茶壺の「志賀」もここに含まれており、これらは後に秀吉に救援を求めた際に、宗麟より秀吉に献上される。

『山上宗二記』においても、これらが元々宗麟所持であったことが記されている。

　カントウノ袋　蓋ハ写象牙　ツクヘイチナリ

一茄子　似リトモ云、百貫茄子トモ云　カントウノ袋、蓋は象牙ノ瓶子ナリ、四方盆ニ居ル、　関白様

此茄子ハ伝多シ、宗悦《塩屋》、珠光目利ニテ　京ニテ百貫ニ買ナリ　似リト云世上ニハツクモニ似ルニ寄テ似リト云、此義不用也、帯モ二筋アリテ、コトノ外違タル壺ナリ、形《な》リ、コロ、土薬トモニ天下一ナリ、珠光褒美ノ名物也、似リト云子細ハ、ツクモ《九十九》ハ九十九貫、此茄子ハ百貫ナレハ、代ニ似リト云、宗悦ヨリ其子ノ宗佐へ渡ル、宗佐ヨリ其子紹悦へ渡ル、三代マテ所持、名誉也、紹悦ヨリ豊後太守へ売ル、代物五千貫、其後、豊後ノ太守此茄子ト新田肩衝ト二種ヲ万貫ニ関白様へ売也、

（中略）

一時香

此壺ニ贅《ぜい》大小二十計在リ、御茶五斤入、猶《なお》口伝在リ、此壺ヲ時香ト云ハ、御茶入ル時ノ香ヲ後マテ能持故ニ、時香ト云、一説、志加ト書ク、此壺ハ珠光ノ弟子宗珠《村田》之一種

ノタノシミナリ、後ニ豊後太守（大友宗麟）ニ渡リ　豊後太守ヨリ関白様へ上ケラル、也

また、宗麟が上洛し秀吉に謁見した際の内容について、国元の重臣宛に送った書状の中では、秀吉が「宗滴ハ茶ハスキカ」（宗麟は茶は好きか？）と尋ねたところ、千利休が「中々数寄之由」（なかなかの数寄者です）と答えたとされる。なお、豊臣政権における利休の影響力の大きさを示す事例としてよく用いられる、「内々之儀は宗易（千利休）、公儀之事は宰相（豊臣秀長）存じ候」と述べられているのは同書状である。

このほか、現在は野村美術館所蔵である大名物茶入の「上杉瓢箪《ひょうたん》」は、上杉景勝（一五五五～一六二三）が所持したことでその銘であるが、それ以前は宗麟が所持していたため旧銘は「大友瓢箪」であったなど、エピソードに事欠かない。こうした宗麟の茶の湯に、宗茂も少なからず影響を受けたであろう。

「二人の父」の死

話を宗茂に戻すと、宗茂の「二人の父」、紹運・道雪とも大友家の家臣として反旗を翻し

柳川城古写真(明治3年、柳川古文書館提供)

た武将の平定に奔走するが、そのような中で天正九年(一五八一)、宗茂は誾千代の婿として道雪の養子となり、立花家の家督を継ぐ。これは、大友家を支える主力家臣である戸次(立花)・高橋連合の成立であった。宗茂十五歳の年であり、道雪が各地を転戦している際は、宗茂が立花城の留守を預かった。

また翌年の天正十年(一五八二)には立花城「御本丸西ノ城」において「御旗・御名字」の御祝が催され、この「御名字」が「立花」と解釈され、ここで宗茂は戸次から立花に名字を改めたと考えられる。

天正十二年(一五八四)三月、肥前国・筑後国などを治める龍造寺隆信が島原の有馬《ありま》晴信《はるのぶ》を討つために出兵するが、沖田畷《おきたなわて》(長崎県島原市)

において島津・有馬連合軍に敗れ、隆信は島津氏家臣の川上忠堅《かわかみただかた》に討ち取られる。

これを機に、筑後における龍造寺氏の勢力が衰え、大友氏は筑後へ軍勢を展開、道雪・紹運は九月に猫尾城《ねこおじょう》（福岡県八女市）の黒木氏を滅ぼし、山下城《やましたじょう》（福岡県八女市）の蒲池《かまち》氏を開城させ、柳川に兵を進める。道雪・紹運は龍造寺家晴《いえはる》が護る柳川城《やながわじょう》（福岡県柳川市）を攻めるが落とせず、いったん柳川の高良山《こうらさん》（福岡県久留米市）に陣を移して越年する。

その後、道雪・紹運は筑後川を渡り、御井《みい》郡北野《きたの》（福岡県久留米市）に陣を移すが、そこで

柳川城天守閣（中野春翠筆「柳河旧城図」より部分、〈公財〉立花家史料館蔵）

道雪は病を得て天正十三年（一五八五）九月に陣中で死去する。道雪の死を秘して紹運は筑前に退くが、道雪の死の翌日に筑紫広門が宝満城《ほうまんじょう》（福岡県太宰府市）を落とすなど、大友家の領国は再び混乱が拡大していく。加えて島津氏が圧力を強めてきたため、宗麟は秀吉に救済を求め、秀吉から島津義久《よしひさ》に調停案が示されるが、義久はこれを拒否し、天正十四年（一五八六）に大友家領国に軍を進める。島津氏は紹運が護る岩屋城を攻

岩屋城跡（太宰府市提供）

九州北部の城郭

め、七百余名の城方は奮闘するも、七月二十七日に落城、紹運は討ち死にする。こうして宗茂は「二人の父」を相次いで亡くすこととなった。

島津軍はさらに兵を進め、宝満城も落として宗茂の実弟直次と実母宋雲院らを捕らえ、宗茂が護る立花城を包囲する。

宗茂の反撃と秀吉の九州平定

立花城においては戦端は開かれず、島津軍は宗茂に開城を要求するも援軍を待つ宗茂はこれを受け入れず、島津軍は秋月種実らに城の包囲を委ねて撤退を開始する。これを機に、宗茂は島津方の高鳥居城《たかとりいじょう》（福岡県糟屋郡）を攻めて落城させ、さらに岩屋城・宝満城も奪還する。

表 宗茂の「二人の父」年譜

元号（西暦）	戸次道雪（鑑連） 年齢	戸次道雪（鑑連） 事項	高橋紹運（鎮種） 年齢	高橋紹運（鎮種） 事項
永正十年（一五一三）	1	誕生。		
大永六年（一五二六）	14	家督相続。		
天文十七年（一五四八）			1	誕生。
天文十九年（一五五〇）	38	戸次の家督を鎮連に譲る。		
弘治三年（一五五七）	45	筑前の秋月氏討伐。		
永禄元年（一五五八）	46	筑前の宗像大宮司氏貞討伐。		
永禄四年（一五六一）	49	大友宗麟の加判衆（重臣）となる。		
永禄八年（一五六五）	53	筑前の立花鑑載が謀反、これを鎮圧し立花城を占拠。		
永禄十年（一五六七）			20	子の宗茂誕生。
永禄十一年（一五六八）	56	立花鑑載が再び反乱、呼応した高橋鑑種軍を破る。		
永禄十二年（一五六九）	57	娘の誾千代誕生。	22	高橋家を相続。
元亀二年（一五七一）	59	立花城に入り、立花家の家督を相続。		
天正元年（一五七三）			26	この頃、剃髪して紹運と号す。
天正二年（一五七四）	62	剃髪して道雪と号す。		
天正三年（一五七五）	63	家督を娘・誾千代に譲る。		

天正六年（一五七八）	66	大友軍耳川の戦いで大敗、反乱を警戒し立花城で籠城。	31	筑紫・秋月勢が来襲。
天正九年（一五八一）	69	宗茂を養子に迎える。	34	宗茂を養子に出す。
天正十二年（一五八四）	72	筑後へ軍勢を展開。	37	筑後へ軍勢を展開。
天正十三年（一五八五）	73	北野の陣中で死去。	38	筑紫広門に奪われた宝満城を奪還。
天正十四年（一五八六）			39	岩屋城の戦いで戦死。

天正十五年（一五八七）、秀吉自らが島津討伐軍に加わり九州入りし、四月に宗茂は秋月の陣において秀吉に謁見、そこで宗茂は島津攻めの先鋒《せんぽう》を命ぜられ、薩摩に向けて兵を進める。敗戦を重ねた島津氏はついに降伏し、義久は剃髪《ていはつ》して五月に秀吉に拝謁し謝罪する。島津方に捕らわれていた直次と宋雲院は無事に救出される。

六月、秀吉は九州の国分けを行い、宗茂は筑後国の山門《やまと》郡・三潴《みずま》郡・下妻《しもつま》郡・三池《みいけ》郡の四郡を拝領、そのうち三池郡は直次に引き渡される。これは、秀吉が宗茂の高鳥居城攻略の戦いぶりを高く評価したためで、宗茂は大友家の家臣から、大名として独立することとなった。

宗茂は秀吉からの寵愛を受け、天正十六年（一五八八）七月五日、従五位下《じゅごいのげ》、侍従《じじゅう》に、また七月二十八日には従四位下《じゅしいのげ》に任ぜられる。その後、天正十七年（一五八九）から天正十八年

（一五九〇）にかけては、豊臣大名として柳川と上方を行き来する。天正十八年には領内において検地を実施、家臣に知行地を与えるなど、さらに領国の統制を行い、秀吉の期待に応えていった。

文禄の役・慶長の役

そうした中、文禄元年（一五九二）に秀吉は「唐入り」を実行に移し、宗茂は兵二千五百を率い、小早川隆景《こばやかわたかかげ》を主将とする第六軍に組織され、釜山《プサン》（大韓民国釜山広域市）入りする。いわゆる文禄の役で、第六軍は漢城《ハンソン》（ソウル）を経て北上するが、軍議により南部の全羅道《チョルラド》の支配を命じられて南下する。

戦況は、明《みん》軍の援軍により平壌《ピョンヤン》を奪還され、豊臣軍は開城《ケソン》に集結して迎撃する方針に決定。文禄二年（一五九三）、宗茂は先鋒を命じられ、碧蹄館《ビョクジェグァン》において激戦の末、明軍を撃退する。その後、日明の間で和平の道を探る動きが加速、豊臣軍は南下し、宗茂は隆景を支え「かとかいの城」（釜山）の普請と在番を開始する。宗茂はこの「かとかいの城」の在番を文禄四年（一五九五）まで継続、九月末に日本に帰還する。

宗茂拝領の筑後国四郡

慶長元年（一五九六）、日明講和交渉は破綻、慶長二年（一五九七）に豊臣軍は再び出兵し、宗茂も五千の兵を率いて釜山入りする。宗茂はいったん釜山城に入るが、「嶋津・鍋島城の間」に城を築き、その在番を担う。この慶長の役における宗茂の動向は不明な点が多いが、慶長三年（一五九八）には釜山の東に位置する固城《コソン》に入城していた

朝鮮半島での宗茂ゆかりの地

ようである。しかし同年八月に秀吉が死去、十月には小西・宗・島津ら諸将と宗茂は撤退について談義し、十一月に露梁津《ノリヤンジン》の海戦を経て日本へ帰還する。

関ヶ原合戦

秀吉没後、再び国内は不安定な状況となり、関ヶ原合戦へと向かっていく。宗茂の「二人の父」が大友家に忠義を尽くしたのと同様に、宗茂も秀吉への恩義を忘れず、慶長五年（一六〇〇）の関ヶ原合戦においては西軍に与《くみ》した。宗茂は四千の兵を率いて大坂城に入り、「伊勢口」の備えを命じられた。その後、京極高次《きょうごくたかつぐ》が東軍に転じて大津城《おおつじょう》（滋賀県大津市）に籠城したため、宗茂は毛利元康《もとやす》ら攻城軍に加わる。九月六日から城攻めが本格化し、宗茂は大津城の西側の長等山《ながらやま》から大砲で砲撃を行ったとされる。九月十三日に総攻撃を開始し、九月十四日に西軍よ

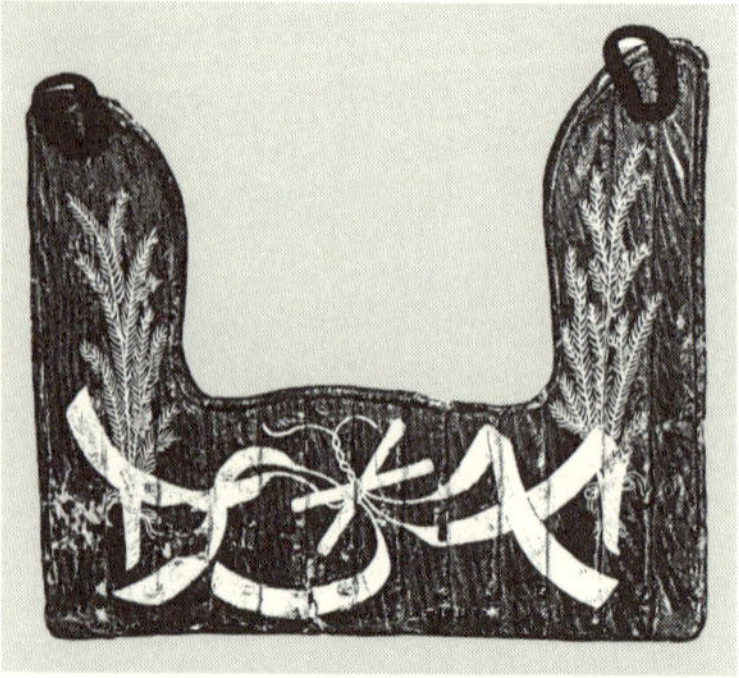

立花宗茂所用 祇園守蒔絵 脇当（甲冑）
（〈公財〉立花家史料館蔵）

り開城を要求、翌九月十五日に高次はこれを受け入れた。しかしこの九月十五日は関ヶ原合戦の日であり、宗茂は本戦には加わることは出来なかった。

西軍の敗戦を知った宗茂は大坂城での籠城を主張するが、西軍の総大将・毛利輝元《てるもと》はこれを拒否したと伝わる。そのため、宗茂はやむなく柳川に戻り、加藤清正《きよまさ》、黒田如水《じょすい》、西軍より東軍に寝返った鍋島氏と対峙する。十月二十日、鍋島氏と江上《えがみ》（福岡県久留米市）・八院《はちいん》（福岡県三潴郡大木町・大川市）付近で激突し、立花軍は大きな犠牲を出す。十月二十二日には東軍の黒田如水の軍勢も到着したが、同日に宗茂が上方に残して善後処置を行っていた家臣・丹親次《たんちかつぐ》が、徳川家康発給の「身上安堵の御朱印」を携えて帰還する。これにより和睦に向けた動きが加速し、宗茂は清正に使者を派遣し、十月二十五日に和睦が成立した。

和睦の条件は、柳川城開城・人質の差し出し・西軍に加担した島津氏攻めへの参加であり、宗茂は先鋒として薩摩攻めに加わる。これは、かつての宿敵の島津氏であるが、宗茂はこの頃には懇意《こんい》としていたため、宗茂には島津氏との和睦を促進する役目も期待されていたようである。事実、十月二十七日には宗茂から島津義久・義弘《よしひろ》・忠恒《ただつね》宛に和睦を勧める書状を発している。結果的に、島津氏は和睦の使者を派遣し、東軍は一部の兵力を残して撤退する。宗茂については、肥後高瀬《ひごたかせ》（熊本県玉名市）にしばらく身を置くこととなる。

宗茂は、釈明のため十二月に大坂に向かい、領知安堵の交渉を行ったが、結局、柳川など旧領を含む筑後一国は、田中吉政《よしまさ》の所領となった。

復権に向けて

棚倉城跡(棚倉町教育委員会提供)

慶長六年(一六〇一)七月、宗茂は肥後高瀬を離れ、上方に滞在して浪牢生活を送る。当然ながら目的は身上回復であり、伏見にて政務をとることが多かった家康との交渉を待った。京都においては、大徳寺塔頭の大慈院《だいじいん》や京都商人の富士谷《ふじや》家、大坂においては、大坂商人の住吉屋《すみよしや》・鍋屋《なべや》に滞在したとされる。この浪牢生活は、少なくとも慶長九年(一六〇四)九月まで続いた。

家康の将軍在職時には復権が叶わなかったが、徳川秀忠が二代将軍となった翌年の慶長十一年(一六〇六)、宗茂は奥州南郷《おうしゅうなんごう》(福島県東白川郡棚倉町あたり)の領知を拝領する。ようやく念願が叶い大名へと復帰するが、石高は一万石であったため、肥後高瀬に留まった家臣は、宗茂の元に合流する者と、清正に仕える者に分かれることとなった。

慶長十五年（一六一〇）には、宗茂は秀忠より江戸の「御留守番」を仰せ付けられ、同年三万石まで加増される。秀忠と宗茂の間には十三歳の年の差があったが、秀忠は年長の宗茂を寵愛し、一方の宗茂は、大名として再び取り立ててくれた秀忠に恩義を感じた。

本書では触れなかったが、実は宗茂は生涯何度も名を変えており（統虎《むねとら》→宗虎《むねとら》→宗乕《むねとら》→正成《まさなり》→親成《ちかなり》→政高《まさたか》→尚政《なおまさ》→俊正《としまさ》→宗茂《むねしげ》）、この加増を契機に宗茂を名乗り始めた。また弟・直次は、一時期法体となり道白《どうはく》と名乗っていたが、還俗《げんぞく》し、慶長十九年（一六一四）頃には常陸柿岡《ひたちかきおか》（茨城県石岡市）に領知を得ていた。

秀忠の恩に報いるため、宗茂は徳川大名として秀忠を支えることを決意する。こうして宗茂・直次は大坂冬の陣に徳川方として従い、天満川の右岸、天神橋の北西・浜筋に陣取ったとされるが、詳しい行動については不明である。

翌年の慶長二十年（一六一五、元和元年）の大坂夏の陣でも秀忠に従い、天王寺口《てんのうじ》の戦いで毛利勝永の軍勢を防いだが、宗茂自身は前線に立たなかったため、損害は少なかったようである。

柳川再封

宗茂は奥州南郷に領知を得た後も、江戸にて秀忠に近侍することが多かった。家康が駿《すん》府《ぷ》にて死去した翌年の元和三年（一六一七）に、宗茂は秀忠の御伽衆《おとぎしゅう》（御咄衆《おはなししゅう》）となり、さらにその距離を縮める。なお、同年直次は死去するが、直次の四男は宗茂の養子となっていた千熊丸（宗茂の幼名を継ぐ）で、後の立花家二代の忠茂《ただしげ》となる。

立花忠茂像
（福厳寺蔵、柳川古文書館 提供）

さて、筑後一国を治めていた田中吉政であるが、慶長十四年（一六〇九）に死去した後は、四男の田中忠政《ただまさ》が跡を継いだが、その忠政は元和六年（一六二〇）に江戸にて死去する。忠政は継嗣《けいし》をもうけなかったため、同年八月に「無嗣断絶」となり、田中家は改易される。

この田中家の後に誰が入るかは、皆の関心が高かったようで、有馬豊氏《とようじ》、稲葉紀道《いなばのりみち》、そし

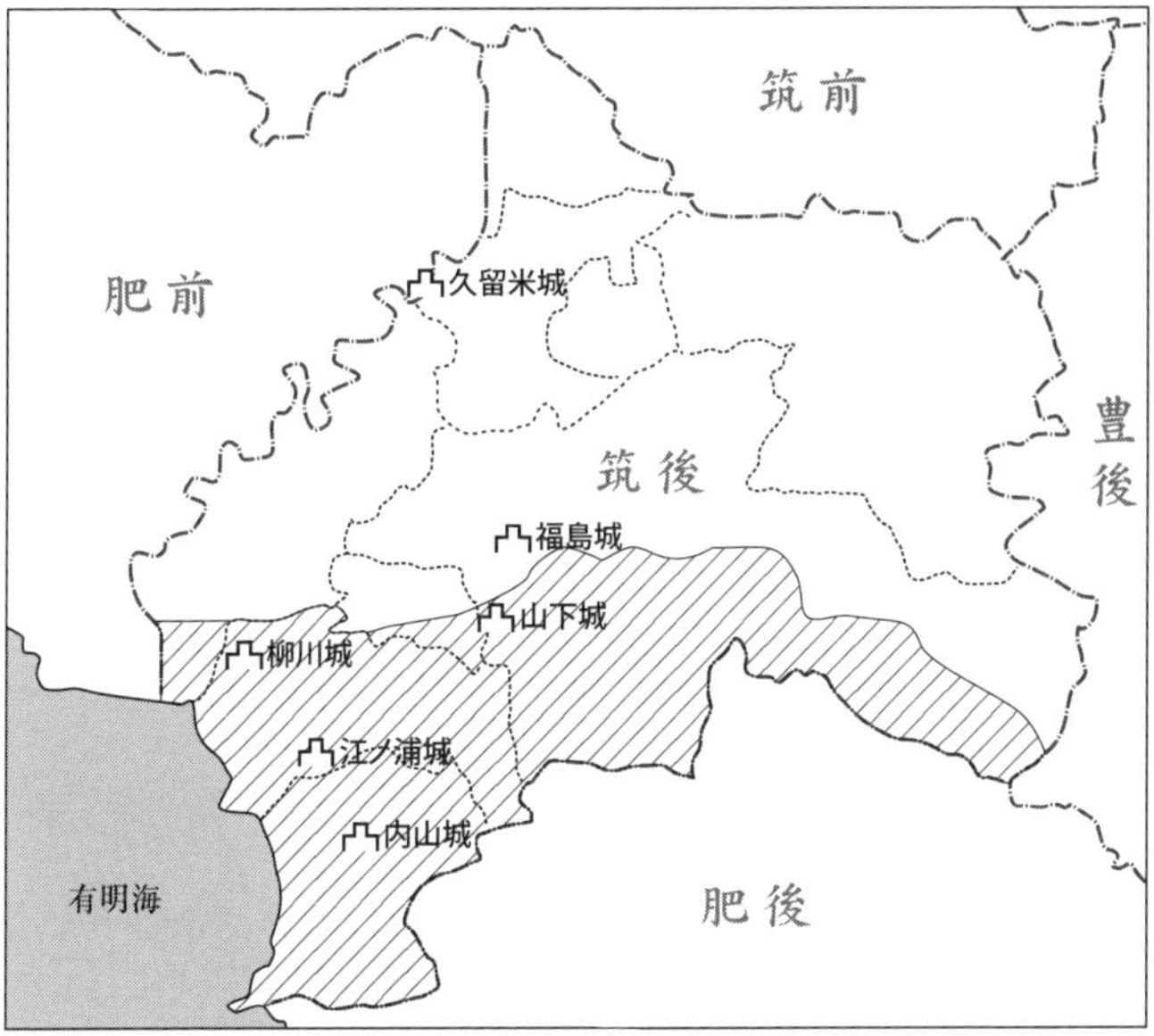

再封後の柳川藩（中野等『立花宗茂』をもとに作図）

て宗茂の名もあがっていた。田中家は筑後一国三十二万石を領していたが、そのうち北筑後（久留米）は有馬豊氏に与えられ、同年十一月に宗茂の柳川再封が決定する。これは、関ヶ原合戦後に旧領に返り咲いた唯一の事例である。元和七年（一六二一）二月、宗茂は二十年ぶりに柳川に戻る。領知高は一〇万九六四七石となり家臣団の編成に着手するが、奥州南郷に従った旧臣、奥州南郷にて新規に召し抱えた者、清正に召し抱えられた者、浪人となっていた者などを全て支えるには不足していたため、二度の「内検」を実施し、石高の額面を増やして工面した。

元和八年（一六二二）、宗茂は飛驒守《ひだのかみ》に改め、嗣子忠茂が秀忠の御前で元服して左近将監《さこんのしょうげん》となる。しかし忠茂はまだ十一歳であったため、宗茂は柳川の領内統治と、秀忠や三代将軍徳川家光の近侍の務めを継続した。

元号が元和から寛永に改められた後も、宗茂は柳川・江戸を行き来し、寛永元年（一六二四）の大坂城の普請や、寛永三年（一六二六）の後水尾《ごみずのお》天皇の二条城行幸に際して秀忠に従うなど、政務をこなした。寛永六年（一六二九）に江戸下屋敷が完成すると、上屋敷を忠茂に渡し、宗茂は下屋敷に転居する。またその際「内儀の隠居」として、忠茂への家督の移譲を進め、忠茂が柳川と江戸を往復し、宗茂は秀忠・家光への近侍を強化した。

また、詳細は第五章で述べるが、寛永四年（一六二七）より宗茂は数寄屋御成《すきやおなり》への相伴《しょうばん》が増加し、秀忠と宗茂の間には茶の湯を通じた親密な交流が深まる。しかし寛永八年（一六三一）九月頃より秀忠は体調を崩し、寛永九年（一六三二）正月に死去する。享年五十四歳であった。宗茂を大名として再び取り立てて、さらには旧領に再封してくれた秀忠の死は、宗茂にとってもショックが大きく、この頃に宗茂の花押の形に変化が見られる。

宗茂の晩年

家光の将軍就任は元和九年（一六二三）であるが、大御所秀忠を亡くした寛永九年（一六三二）にはまだ二十七歳で、政権は不安定であった。宗茂は秀忠に続いて家光を支え、また家光も、秀忠に続いて宗茂を寵愛した。

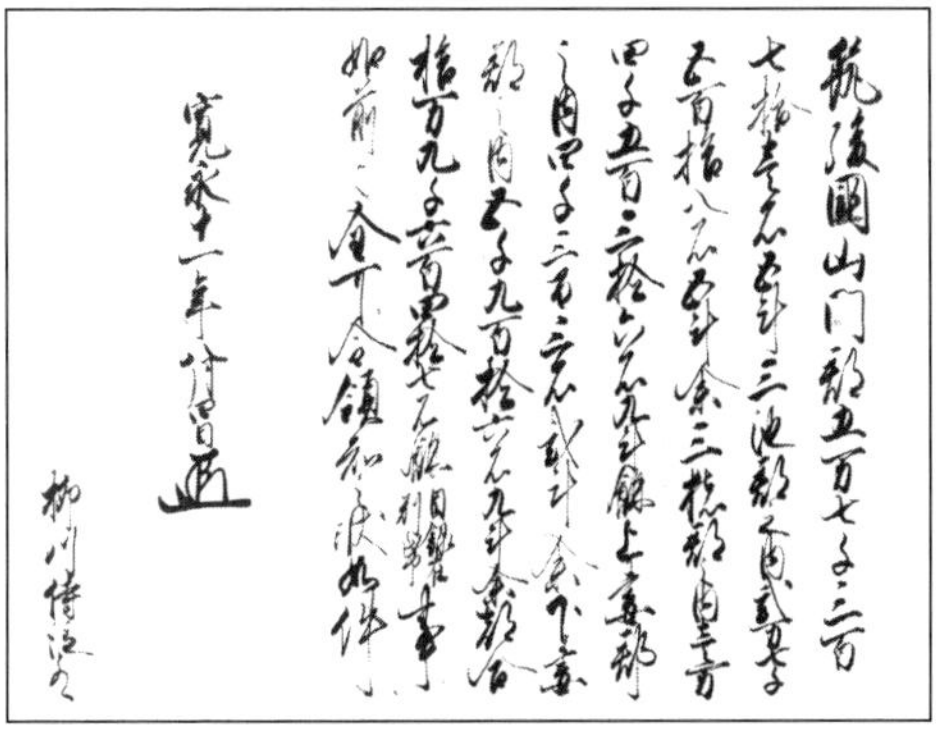

徳川家光領知判物
（重要文化財、寛永11年〔1634〕8月4日付、〈公財〉立花家史料館蔵、柳川古文書館寄託）

寛永十四年（一六三七）に島原の乱が発生すると、立花家からは忠茂が参陣し、当初宗茂は江戸に待機していた。しかし寛永十五年（一六三八）元旦の幕府軍の敗退を受け、家光は細川忠利《ただとし》・鍋島勝茂《なべしまかつしげ》・有馬豊氏らとともに宗茂にも出陣を命じ、宗茂は二月六日に着陣した。一揆勢は二月二十八日に鎮圧される。

寛永十五年（一六三八）九月五日、家光は宗茂の下屋敷に御成する。家光は終始上機嫌で、宗茂は家光から「粟田口則国《あわたぐちのりくに》」の脇差《わきざし》を拝領する。また翌月の十月二十日、酒井忠勝《ただかつ》邸の御成に従った宗茂は、正式に隠居を許され、法体となり「立斎」と号す。寛永十六年（一六三九）二月の酒井忠勝邸御成では家光より頭巾《ずきん》を拝領、また同年九月の東海寺《とうかいじ》の御成では杖を賜るなど、晩年まで家光は宗茂を厚遇した。

しかしながら、さすがの宗茂も老衰には勝てず、寛永十七年（一六四〇）頃から徐々に体調が悪化していく。宗茂は眼病も患い、この頃の書状には花押ではなく、「ｆｉｄａ」（飛騨）というローマ字印が用いられている。余談であるが、かつての主君、大友宗麟が「ＦＲＣＯ」の印を用い、また親交があった細川忠興（三斎）も「ｔａｄａｕｏｑｕｉ」の印を使用していた。こうした影響を受けて、宗茂もローマ字印を使用したものと考えられる。

家光は宗茂を心配し、たびたび見舞いの使者を遣わした。家光と宗茂の間には四十弱の

宗茂のローマ字印
（寛永19年 立花立斎書状より、〈公財〉立花家史料館蔵）

立花宗茂墓所
（東京・広徳寺）
宗茂が没すると、遺骸は当墓所に葬られた。

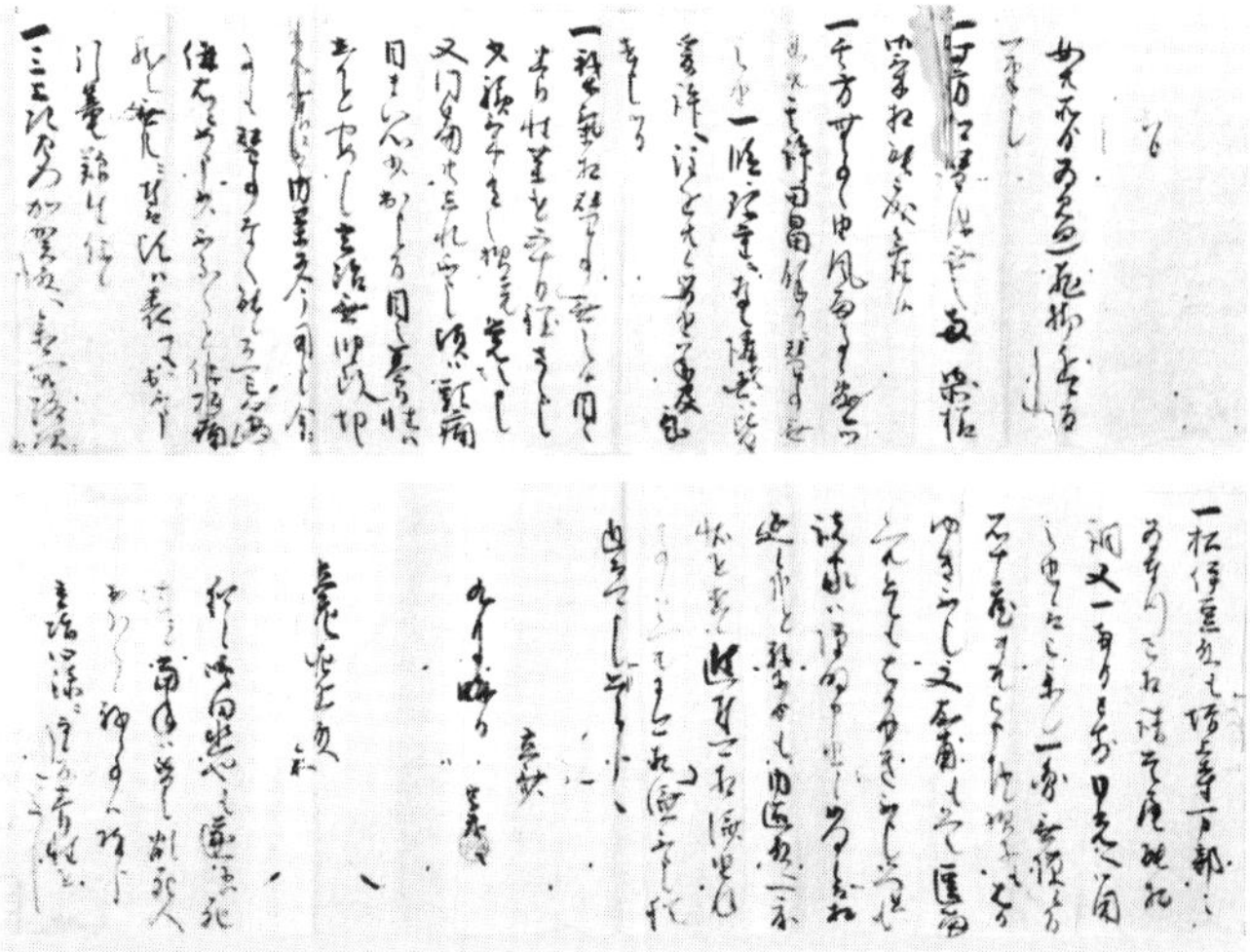

立花立斎（宗茂）**書状**（重要文化財、寛永19年〔1642〕9月晦日付、立花忠茂宛、〈公財〉立花家史料館蔵、柳川古文書館寄託）

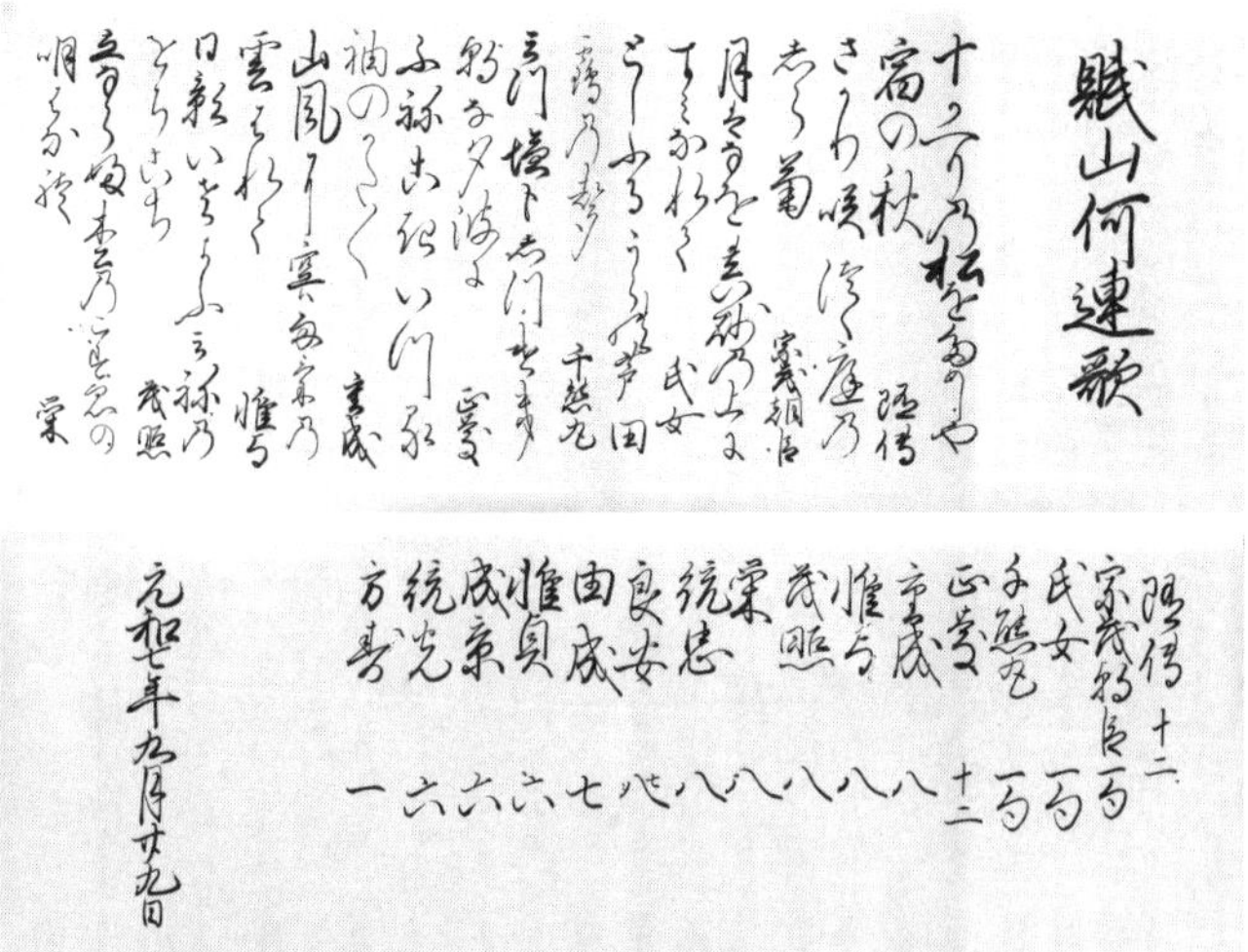

宗茂が出座した賦山何連歌（第1丁〈上〉と末尾の丁〈下〉、重要文化財、元和7年〔1621〕9月29日、伝習館高等学校蔵、柳川古文書館提供）

年齢差があったが、家光の懇篤《こんとく》な扱いに、宗茂も感慨深かったであろう。寛永十九年（一六四二）十一月二十五日、宗茂は江戸にて死去する。享年七十六歳であった。

このように、宗茂の生涯は、主君に愛され、引き立てられたものであった。宗茂は「二人の父」が大友家に献身的に仕えたのと同様に、忠義をもって主君である秀吉、秀忠、家光に報いた。一方、主君らはその宗茂の人柄に惚れ込み可愛がった。

本書では構成上触れられなかったが、宗茂の武将としてのバックボーンには、さまざまな要素があった。例えば、文禄五年（一五九六）には丸目蔵人頭長恵《まるめくらんどのかみながよし》（一五四〇～一六二九）から剣法を免許され、天正十八年（一五九〇）には尾村連続《おむらつらつぐ》から、慶長六年（一六〇一）には中江新八と吉田茂武から弓術の免許を受けている。

また元和七年（一六二一）には家臣らと連歌を催し、寛永四年（一六二七）には上杉定勝（一六〇四～一六四五、二代米沢藩主）の万句興行連歌へ同座している。このほかには、飛鳥井雅春（一五二〇～一五九四）から蹴鞠《けまり》の免許を受け、香道や狂言にも精通していたとされる。

もちろん本書にて取り上げる茶の湯もその要素の一つである。その宗茂の茶の湯について、次章以降で詳細に見ていきたい。

第二章　宗茂の茶の湯の先行研究

本章では、先行研究における宗茂の茶の湯について取り上げる。切り口としては、茶道史研究の中に現れる宗茂と、宗茂研究の中の茶の湯の二点となるが、いずれも事例は僅少《きんしょう》である。

『茶道美談』にみえる宗茂の逸話

宗茂と茶の湯について取り上げられたものは、管見の限り、熊田葦城氏による『茶道美談』（実業之日本社、一九二一年）が最初である。同書は凡例に「本書は各種の史書、随筆中より、茶道に関する奇話珍説を蒐録《しゅうろく》せるもの」とある通り、さまざまな資料から茶人に関するエピソードを抜き書きしたものである。全一六〇条からなり、第一〇〇条目に「立花宗茂瀬戸の大肩衝を賜はる」として次の逸話が収録されている。

徳川将軍家光の時、立花左近将監宗茂の名将宿老たるを以て、之れを寵遇すること甚だ厚く、実に御咄衆十二人の第一たり。

宗茂武事の傍、風流の志あり、家を其子忠茂に譲りて後、下谷の邸を修めて、此処に老ゆ、庭中に山を築き、池を鑿ち、水を落して、滝となし、樹を植ゑて、林を設く、池広く、山幽にして、魚は淵に踊り、禽は汀に眠る、景趣自から深し。家光之れを聞き、寛永十五年九月五日を以て、其邸に臨む、宗茂大に之れを栄とし、山海の珍味を尽して饗応し、終りて茶を献ず。家光庭中に逍遥し、銃を発して、二雁を獲、又鷹を放つて、一雁を捉ふ、宗茂早速其雁を調理して、又膳部を進むれば、家光益々興を催して還る。此日、宗茂よりは則重の刀を献じ、家光よりは粟田口則国の脇差及び小袖五を賜ふ。十七年の冬、家光鷹野の帰路、復た宗茂の邸に臨む、宗茂光栄の至に堪へず、心を尽して饗応すれば、家光大に感悦し、其特に齎し来れる瀬戸の大肩衝を賜ふ。立花家に重代の宝器三種あり、宗茂乃ち之れを加へて、文武四種の什宝となし、永く子々孫々に伝ふ。

（熊田葦城『茶道美談』）

これによると、宗茂は武勇に優れただけでなく、風流の志も持っていて、下谷《したや》（東京都台東区）の下屋敷の庭園を雅趣豊かに整えた。すると宗茂を寵愛した三代将軍・徳川家光がこのことを聞きつけ、寛永十五年(一六三八)九月五日に御成《おなり》し、宗茂は豪華な料理と茶を献じて供応した。その際、宗茂は家光より「粟田口則国」の脇差と小袖五枚を拝領した。また寛永十七年(一六四〇)にも家光が宗茂邸を御成し「瀬戸の大肩衝」を拝領、従来の宝器三種に加え文武四種の什宝として子孫に伝えたとされる。

これらは宗茂の伝記である「立斎旧聞記」に収録されているものと同内容である。中身については多少吟味が必要なため第七章で検討するが、寛永十五年九月五日の将軍家光の宗茂邸御成については、『徳川実紀』にも記載されている。

『柳川史話』にみえる記事二点

次に、柳川の郷土史家・岡茂政氏が柳川の地方新聞「柳河新報」に寄稿し、後に『柳川史話』(青潮社、一九八四年)として出版された中に、左の二点の記事がある。

一点目は「立斎公御自筆の献立書と立花家伝来の名香」と題して、将軍数寄屋御成の茶会記と、良恕法親王《りょうじょほっしんのう》との交流について書かれたものであり、長文となるが次に引用する。

十二、立斎公御自筆の献立書と立花家伝来の名香

立花伯爵家に、立斎公御自筆の献立書といふ面白い二幅がある。一は霜月十一日の朝於二丸とあるもので、大正十二年関東大震災の時東京下谷邸で烏有に帰した。でも明治二十二年七月史料編纂所で写されてゐるから其副本は今も同所に保存されてゐる。一は柳川の伯爵家に秘蔵された寛永四年のもので、次のやうな事が書かれてゐる。

◇

寛永四卯九月十日御本丸へ相国様御成、御座敷四帖半台

一、御掛物、えんこ横文字

一、御釜、永井信濃進上口広の肩ツキの大釜

一、御汁、鶴、うど

一、さかひて

一、当布のに物こくしやうかけて

一、白うをの御汁

引而

一、かまぼこ、けり

一、鶴、生鳥、わさびすかけて
　　さかな
一、鶴のもゝけあぶりて
一、くるまゑび山椒みそ付てあぶりて
　　御くわし
　よりみづいも 御所柿
一、御炭初は将軍様後は相国様
　駿河大納言様
　御相伴立花飛守
　御勝手より藤堂和泉守被召出候

◇

之によつて、当時将軍家の日常生活の片影を窺ふことが出来る。少くとも茶席に於ける御馳走がどんなものかゞ明となつた。

「徳川実紀」によると、それから四日の後九月十四日には、西城で朝夕両度の御茶があり、朝は細川忠興・松平忠宗・細川忠利・立花宗茂之に陪したと見えてゐる。

宗茂公が茶の湯や聞香等風雅の道で将軍の寵遇を受けられたことは周知のことであるが、曼珠院宮良恕法親王の知遇を忝ふせられたことは知る人蓋稀であらう。良恕法親王とは後陽成天皇の御弟で、始め阿弥陀寺に入り曼珠院に転ぜられ、寛永十六年二月天台の座主となり二品に叙せられた方である。

宮の御自筆の御消息に、

其後は何角打過無沙汰難申尽候内々御茶申度存候得ども無御隙由承候間不得申候仍此薫物調合候条遣之候かしく

八月二日　（花押）

立花飛騨守殿　竹

といふのがある。之を拝見すると、宗茂公が宮の眷顧を得られたことが一朝一夕のことではないやうに思はれる。茶の湯に招きたいが暇があるまいから薫物を贈るとあるから、香道に於ても宗茂公は確かに一隻眼を有せられたのであらう。

（岡茂政『柳川史話』）

引用は以上となる。前半の数寄屋御成については第五章で扱うため、ここでは詳細な検討は行わないが、『徳川実紀』の寛永四年（一六二七）九月十日の条には「十日　大御所本城にわたらせ給ふ。駿河大納言忠長卿并に藤堂和泉守高虎侍し奉る。御茶宴并猿楽あり。白髪。敦盛。源氏供養。鶴。船弁慶。山姥。祝言」とあるのみで茶会記の記載はなく、また宗茂が相伴したことも記されていないため、引用されている茶会記は貴重なものである。

二点目の記事は、伊達政宗と宗茂の交流について、「貞山公御明語集」という史料より抜粋したものである。内藤外記《げき》（正重《まさしげ》）が政宗に毒見を進言したところ、時代錯誤であると激怒した政宗を宗茂がなだめたという内容で、真偽のほどは不明であるが、こちらも宗茂が数寄屋御成に相伴していたことを示している。

◇

今また柳河人ならぬ他藩の人の手に成つた次の記事を見て頗る感興を催した。それは「貞山公御明語集」に見えた左の一節である。貞山公とは伊達政宗のことで、此書は政宗の逸話を集めた仙台藩の記録である。

次の日将軍家には朝早々数寄屋に御成りになつた。御相伴は道三法印・立花飛騨殿・

丹羽五郎左衛門殿であつた。はや御膳を貞山様がお上なさらうといふ時、内藤外記殿がかはらけに箸を添へた一膳を持つて貞山様を追ひかけ、御膳の鬼をなされて後差上げられよと申されると、貞山様は御膳を其まゝ数寄屋口に置かれて、

外記、いはれぬことを申すものかな。政宗程のものが御成を願つて自身お膳を上ぐる上は鬼どころではないぞ、お膳に毒を入るゝは早や二十年前のことだ。二十年前でも日本の神ぞ毒などで殺し奉るやうなことはゆめ〳〵思はなかつた。一度は乗り寄せてこそと思つてゐたのだ。

と憤慨された。此時丁度数寄屋口から通口をあげ飛騨殿お出なされ、

一段と似合つた御挨拶上様にも御感である。お膳も遅くなるから早々にお上げ下さるやうに。

と申されたので其時お膳を上げられた。さてさて頼もしい御挨拶であると公方様御

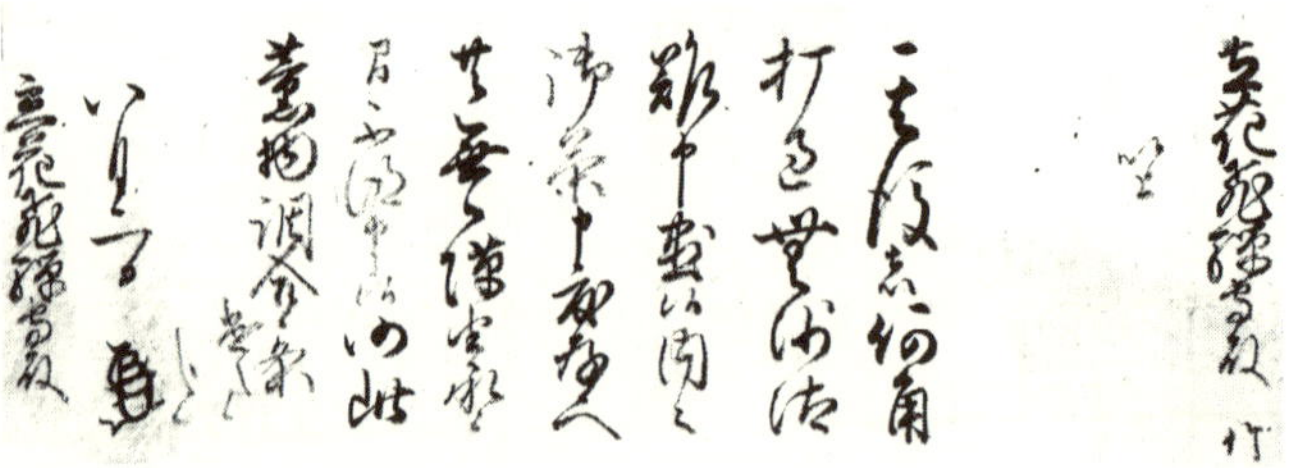

曼殊院宮 良恕法親王 書状（〈公財〉立花家史料館 蔵、柳川古文書館 寄託）

直に御礼があり御落涙のやうであつた。陪席の人々さても〳〵と感じ奉つた。茶席が済んで書院に出でられ御能など見物され暮頃になつて帰城になつた。

◇

蛇足ではあるが、数寄屋とは茶室のことで、かはらけは素焼の盃、お膳の鬼とは毒見のことを言つたのである。一体将軍家の御城《(ママ)》には始に茶の湯即数寄の饗があり、終つて能楽を催して饗応したもので、其度毎にお相伴として尾張義直か紀伊頼宣の弟の内一両人に、公や藤堂高虎・丹羽長重などを召連られることが例となつてゐた。

（岡茂政『柳川史話』）

引用は以上となる。『柳川史話』は、新聞に連載された全三二八話を収録しているが、残念ながら、茶の湯に関する記事はこの二点のみである。著者の岡茂政氏は「宗茂公が茶の湯や聞香等風雅の道で将軍の寵遇を受けられた」としながらも、この時点では茶の湯に関して踏み込んだ研究はなされていない。

『立花宗茂』での茶の湯への言及

また近年においては、中野等氏の『立花宗茂』（吉川弘文館、二〇〇〇年）でも宗茂の行跡として茶の湯への取り組みを紹介している。「茶人としての才も豊かであった宗茂であるが、具体的に誰を師として茶事に親しんだのかは、判然としない」としながらも、宗茂が細川忠興（三斎）から資金を融通してもらって茶道具の購入を行った事例を紹介している。さらには次の通り、忠興が息子の忠利に送った書状で、茶の湯については宗茂の存分に任せるべきと述べたことを取り上げている。

江戸期に入って宗茂が秀忠や家光の茶席に連なることもしばしばであったが、利休の高弟でもあった細川忠興は息子忠利に対し、

立飛殿、又その方書中具に見申し候、かようの事、あなたこなたと候へば、すき存

ぜざる者は何かと申す物に候間、飛州御存分の通一段然るべく候、その分に仕られ、重ねてより、さたこれ無き様に仕まつらるべく候、（『大日本近世史料 細川家史料』）

と書き送っている。この書状の背景に何がおこっていたのか詳かではないが、結論としては「すき」、つまり茶のことについては、宗茂の存分に任せるべきであるとしている。

（中野等『立花宗茂』）

同書は宗茂の総合研究であり、茶の湯に関しては取り扱い分量が少ない。しかし、京都商人富士谷家との関係を示し、細川忠興からの影響を示唆させる内容となっていて、この辺りから宗茂の茶の湯に関する研究が深まってくる。

細川忠興（三斎）研究の中の宗茂

そして、その細川忠興に関しては、矢部誠一郎氏の研究において、次の通り、宗茂についても一部言及されている。

やや、本論から外れるが、この書状の中の立花宗茂について若干触れておきたい。宗茂は秀吉に仕えて筑後柳川十三万石を領した。関ケ原合戦では西軍に属して領地は没収され、後、許されて旧領一万石を給与された。徳川秀忠の御伽衆として仕えた。将軍の茶会に多く参席している(「二三代将軍御会記」国立国会図書館蔵)。近世大名の中でも屈指の数寄大名であって、その茶の湯について一稿を期すべき人物である。

この宗茂との茶の湯に関して記した忠利宛三斎の書状は「細川家史料」に多く見られる。その中で茶入に関してだけでも七通を数える。例えば宗茂が三斎に茶入を贈ろうとしたこと(七―一八一二号文書)、宗茂が大瀬戸茶入を手に入れたこと(二―七二四号文書)、その代銀について(二―七三三号文書)、また将軍徳川家光から宗茂が丸壷の茶入を下賜されて大いに満足していること(三―七七二号文書)などである。これらの書状を見ると、三斎は特に茶入についての目利きに優れていて、宗茂の相談に乗ったり、購入のための費用を貸し付けるなどして、積極的に茶入に接していたことが窺われる。

(矢部誠一郎『日本茶の湯文化史の新研究』)

ここでは宗茂については「その茶の湯について一稿を期すべき人物」と述べる一方で、同書は忠興の茶の湯を主題として扱っているため、内容は忠興の茶入に軸をおき、宗茂の扱いは部分的である。

また、矢部誠一郎氏のその後の研究（『利休随一の弟子 三斎 細川忠興』）では、次のように、忠興と宗茂が茶会に同席したことを述べている。まずは寛永四年（一六二七）九月十四日朝の、江戸城における将軍家光の口切の茶会である。ここでは忠興と忠興の三男・忠利、伊達政宗の次男・忠宗と宗茂が同席している。

寛永四年九月十四日朝の江戸城内の茶会に招かれたのは、忠興、改め三斎などであった（「三代将軍御会記」「東武実録」「大猷院御実紀」巻二十一、「寛政譜」巻一〇五）。多くの史料の記述から、この茶会は家光の茶会としては規模の大きなものであったことが分かる。こうした諸書を参考にして「綿考輯録」巻二十一はこの茶会について詳しく記している。やや紙数を費やすが、三斎が隠居後にもかかわらず、将軍の江戸城内での茶会に招かれた例なので、その要旨を記しておこう。

家光公の江戸城西の丸での口切の御茶の湯である。朝の茶会に招かれた武士は、三斎、忠利、松平（伊達）忠宗、立花宗茂の四人、夕の会は松平（毛利）秀就、浅野長晟ら五人である。御道具は安国寺恵瓊所持の虚堂智愚の墨跡、山本道句から古田織部に伝来した筋釜、水差は唐津、唐物肩衝の円座茶入、藤堂高虎が献上した高麗茶碗、一尊院の茶杓、花入は都満（不詳、「東武実録」には「都カヘリ」）、香合は碁盤模様に染めた香合である。会席（懐石）の主なものは鯛、鮑などの「酒ひて」（酒浸て）、御汁は生鶴、椎茸、松露（松の根元に生える丸い茸の一種）、御重箱に香の物、鴨、はらら（潰し豆腐の味噌汁）のこくしょう（濃漿カ、濃い味噌汁）、切り蒲鉾、鱲子、焼鳥毳（千鳥のような水鳥）、杉の縁高（縁を高くした角・隅切盆）に御所柿、色付の茸、芋などである。

この茶会は口切の茶会である。口切とは、宇治の茶師から届いた新茶の壺の封を切って茶を引き、それで行った茶事である。茶家にとっては正月に等しく、料理もそれに従った。時期は概ね炉を開く旧暦十月だが、定まってはいない。いずれにしろ、茶家の年明けを言祝ぐ式正の茶会である。この正式の茶会に細川父子、数寄大名として知られる立花宗茂、そして松平忠宗が招かれている。

（矢部誠一郎『利休随一の弟子 三斎 細川忠興』）

また時代が下った寛永十六年（一六三九）十一月十八日においても、家光の茶会に忠興と宗茂が同時に招かれている。

三代将軍徳川家光と三斎の茶会についても触れておこう。三斎は、寛永十六年（一六三九）十一月十八日に、江戸城に招かれて家光の茶会に参席した。これ以前の十三日付の三斎の書状（『細川家史料』七－一五九六）に、将軍から招かれたことが大略次のように書かれている。

このたび池田長賢という上使から、明日朝、茶事を持つので四ツ少し前（午前九時頃）に立花宗茂とともに登城するようにとのお言付があった。誠にあまりの「冥加（過分のご配慮）をそろしき次第」とお受けした。もう遅いので返事は良いとのことであった。

と忠利に伝えている。これも「三斎様がこの十九日に御暇乞いを願い出たので、銀子と御服を頂戴した。その御礼に登城すると、無準の墨跡、藤原定家・俊成両筆の掛物を頂戴した」という（佐方智信宛 長岡忠隆書状、『熊本県史』中世篇五）。

（矢部誠一郎『利休随一の弟子 三斎 細川忠興』）

寛永四年と寛永十六年の両茶会については後ほど検討するが、ようやくここにきて「数寄大名として知られる立花宗茂」という評価が確立してきた。

先行研究の課題と本書での取り組み

これらの先行研究では、御伽衆、将軍数寄屋御成の相伴、他の数寄大名との交流などから宗茂自身も茶の湯を好んだことに言及しつつも、内容は断片的であり、具体的な研究は拙稿「柳川藩主立花宗茂の茶の湯」（『茶の湯文化学』十三号、二〇〇七年）を待たねばならない。

拙稿においては、「第一章　茶人立花宗茂の軌跡」では、「（1）関ヶ原以前の軌跡、（2）大徳寺と宗茂、(3)細川忠興と宗茂、(4)柳営茶道における宗茂の活動」として宗茂の茶の湯の活動について具体的に分析した。また第二章「大名と茶師――柳川藩立花家の事例――」では、「(1)京都商人富士谷家について、(2)茶壺入手経路の実態、(3)富士谷文書に見られる茶人関係と補足」として、富士谷文書をもとに、宇治茶師から茶を入手する実態を明らかにした。

しかし拙稿が世に出てから十年余りが経過し、『近世大名立花家』、『柳川市史』史料編Vの刊行など、宗茂の茶の湯に関する研究環境は大きく変わってきている。本書ではこれらの先行研究を踏まえ、新出史料等を交えて、さらに発展的に論じていきたい。

第三章　宗茂と大徳寺

関ヶ原合戦以前

宗茂の茶の湯において、最初のターニングポイントとなったのが関ヶ原合戦である。実は、宗茂の関ヶ原合戦以前の茶会参加は、天正十七年（一五八九）と慶長四年（一五九九）の二会しか確認出来ない。関ヶ原以前では、天正十三年（一五八五）三月の京都大徳寺における大茶会や、天正十五年（一五八七）六月の筥崎宮《はこざきぐう》での茶会、同年十月の北野大茶湯《きたのおおちゃのゆ》が知られているが、いずれの茶会にも、宗茂が参加したという記録は見られない。これは、天正十三年九月には養父道雪が筑後国北野の陣中で死去し、また翌天正十四年（一五八六）七月には岩屋城（福岡県太宰府市）が落城して実父紹運が戦死するなど、宗茂にとって大変苦難な時期であったためと考えられる。

島津氏が秀吉に降伏して世情が安定してきた天正十七年（一五八九）正月、神屋宗湛《かみやそうたん》の茶会に招かれるのが、宗茂の茶の湯に関する初見である。この時、宗茂は二十三歳であった。

正月十三日朝　宗湛数寄

一、立花統虎　同統益　御両人

（「宗湛日記」）

なお、統虎《むねとら》が宗茂で、統益《むねます》は宗茂の実弟直次に比定される。同年の「宗湛日記」には道具・料理などの具体的な記述はなく、この前後も月日と参会した人名が羅列されているのみで、残念ながら詳細は不明である。

そして『近世大名立花家』においても取り上げられている通り、宗茂が三十三歳の年、徳川家康の茶席に招かれている。なお、次の引用にある親成《ちかなり》は、宗茂の改名する前の名前である。

帰還した親成は程なく上洛することとなっており、十二月二十六日には大坂に到着している。後続の島津義弘・忠恒、小西行長らを待って、ともに伏見へ上った。そのまま越年し、翌慶長四（一五九九）年正月七日には島津忠恒・小早川秀包・高橋統増・筑紫茂成らとともに親成は家康の招きをうける。大老職筆頭の家康が朝鮮でのはたらきを労う茶席であった。

（中野等ほか『近世大名立花家』）

ただし両会とも宗茂の主体的な参会は感じられず、当時の大名の嗜み程度での意識だったのではないだろうか。

上方での浪牢生活

関ヶ原合戦にて西軍に属した宗茂は領地を没収され、慶長六年（一六〇一）から慶長九年（一六〇四）の間、上方に滞在する。「京都伏見大坂町人御扶持方調」には、京都ではかねてから懇意であった藍溪《らんけい》（宗瑛《そうえい》）和尚《おしょう》が二世を務めた大徳寺塔頭の大慈院と小河彦次郎（富士谷《ふじや》紹務《しょうむ》）宅に宿泊したとされる。この京都滞在が、宗茂と茶の湯をより深く結びつけたのではないかと考えられる。

右三ケ年之間於京都ハ大徳寺中之大慈院 藍溪和尚兼而御懇意ニ付而也 並小河彦次郎宅、於大坂ハ住吉屋藤左衛門宅ト鍋屋吉右衛門宅江被遊御逗留候

（「京都伏見大坂町人御扶持方調」）

また赤間関《あかまがせき》（山口県下関市）の伊藤家に伝わる文書の中にも、次のように、宗茂を伊藤家で暫《しば》く匿《かくま》い、援助を行った後、京都の藤谷（富士谷）方に三年余り留まったことが記されている。

此宗茂様ト申者、関ヶ原陣之節、御当家江御敵対ニテ、暫ク御浪人被為遊、此方ニモ暫ク御カクマイ申上、金子ナト御用立、其後京都藤谷平右衛門方ニ三年余り御カクマイ申上ル

（「伊藤家（本陣）文書」四五）

大徳寺塔頭大慈院

大徳寺は京都市北区紫野大徳寺町にある臨済宗大徳寺派の大本山である。鎌倉時代末

期に宗峰妙超《しゅうほうみょうちょう》（一二八二～一三三七、大燈国師《だいとうこくし》）が赤松則村《のりむら》（一二七七～一三五〇）の帰依《きえ》を受けて小庵を創建したのが始まりで、その後、応仁の乱で罹災《りさい》するが、一休宗純《いっきゅうそうじゅん》（一三九四～一四八一）により再興される。多くの塔頭（子院）が設立され、茶の湯との縁も深い。

その大徳寺の塔頭の一つである大慈院については、次の『紫野大徳寺の歴史と文化』（竹貫元勝著、淡交社）の解説の通りであり、大友家との関係より、宗茂が身を寄せたと考えられる。

大慈院は、二十四塔頭の一で、天叔宗眼《てんしゅくそうげん》を開祖とし、創建年は天正十九年（一五九一）である。天正年中（一五七三～九二）創建説もある（「龍宝摘撮」）。大友義鎮女の見性院、織田信長女兄（姉）の安養院、村上周防守義明、山口左馬頭《さまのかみ》弘定などを檀越として創建される。

二世藍溪宗瑛のとき金屋宗知が昭堂《しょうどう》を建立し、また左京亮が池をうがち、山を築き、樹木を植え、石をたたみ、廟も造られた。天保元年（一八三〇）に地震で倒壊し、弘化四年（一八四七）に古材をもって縮小して復興された。南派の輪住塔頭である。茶室に「頓庵《とんあん》」がある。

（竹貫元勝『紫野大徳寺の歴史と文化』）

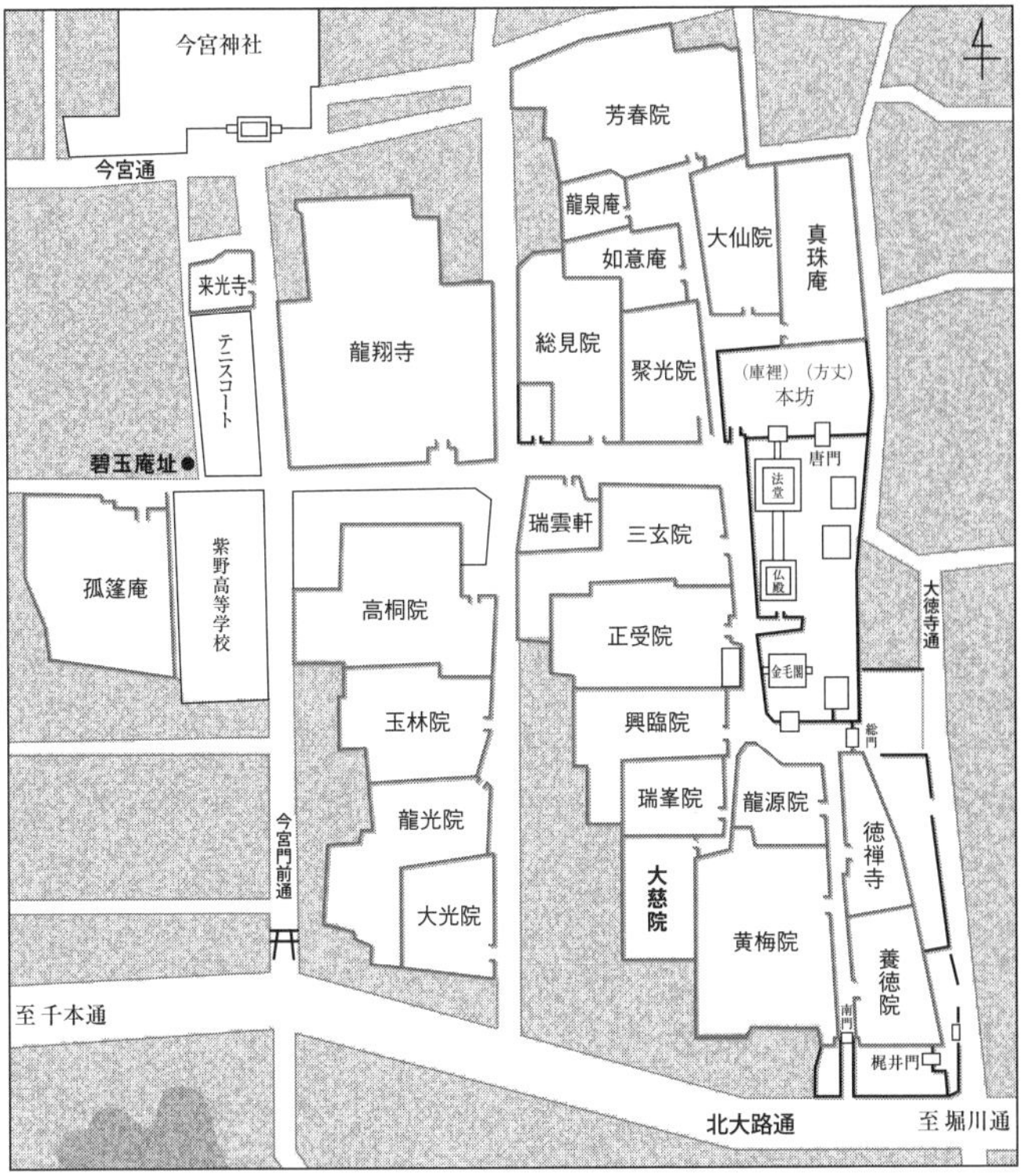

大徳寺塔頭図（宮下玄覇編『必携茶湯便利帳』より）

一方で『紫野大徳寺』（佐藤虎雄著、河原書店）の大慈院の項では「立花宗茂も当院に帰依し、碧玉庵《へきぎょくあん》を建て、天叔和尚の法孫雪庵和尚を開祖とした。（中略）また碧玉庵には筑後柳河の城主立花宗茂・小堀次左衛門（広林院殿仁室宗虎居士）・筒井伊賀守定次の墓がある。宗茂の碑は亀上に立ち、「大円院殿従四位拾遺松隠宗茂大居士」と刻してある。小堀次左衛門墓はすでに大慈院に移され、その他も近く移葬されることになっている」とある。

この宗茂の墓については、現在は大慈院に移されている（非公開）。今回、調査を行ったが、左側面と背面に刻まれた文字は損傷が激しく、全文の翻刻は困難であった。これは寺田貞次氏の『日本風俗沿革図説』が発行された大正年間には、すでに磨滅していたようである。

立花宗茂墓

同塔頭、碧玉庵墓地。孤篷庵の前、道を隔て北に一墓域在り、碧玉庵の旧地、宗茂墓は其最北端に孤立、南面す、高約二間の大碑（二十種二号）表面に

大円院殿従四位拾遺松隠宗茂大居士

碑陰に、前大徳雪庵叟の撰文を刻す、磨滅甚し、

（寺田貞次『日本風俗沿革図説』）

しかしながら、碧玉庵の寺史と碧玉庵に所蔵された位牌・画賛の文などを記録した「碧玉庵由来」には、その刻文とほぼ同文と見られるものが収録されているため、こちらを翻

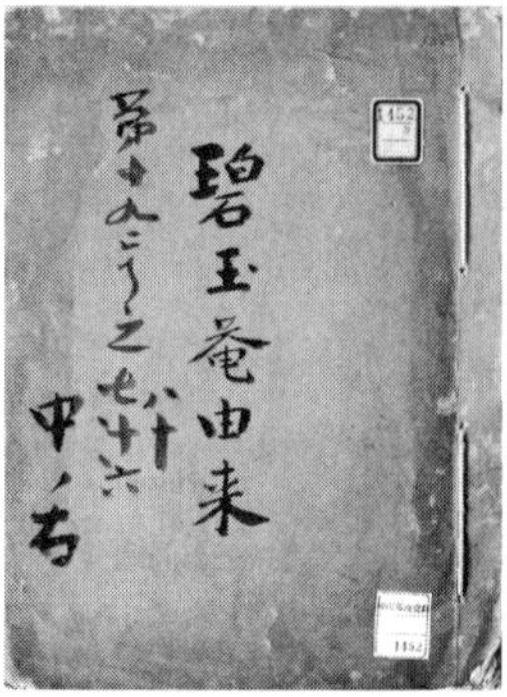

「碧玉庵由来」
（伝習館高等学校蔵、
柳川古文書館提供）

刻して次に掲載する。実際の墓碑には、左側面の右端に「碑銘　雪庵和尚叟撰」と刻まれ、次の行から四十九字×八行、背面に四十九字×十四行と四言二十八句の歌が続き、最後に「寛文第八戊申歳仲冬念日　嗣越前四位侍従遠庵忠茂公立之」と刻まれている。

碑銘　　雪庵和尚製

筑之後州柳川城主姓源氏立花左近将監諱宗茂本貫産于豊之後州大友廿五代甲族也
矣初太閤秀吉公并呑四海雖統御日域関西未降其麾下居士時受秀吉公命在城於筑前
立花山春秋十八而丐秀吉公出馬粤九州逆徒奉軍囲立花城人抛崤函固居士常以和労軍
士人亦重義死節者不隔昼夜屍填巨港之岸肥後蜂起絃絶薩州豪奪矢竭亡誅之如震槁
莱営塁雖正其于戈不熄者既逮数年両爺之雄将道雪紹運高士在筑前岩屋山筑後高良
山而為秀吉公戦死居士天運不虚竟闢城門迎秀吉公之着馬繇是命九州先駆令在筑後
柳川城特昇殿而被任四位侍従矣文禄元年壬辰秀吉公征伐朝鮮日本諸軍対陣居士戦

城無当其鋒者朝鮮八道遠斥候大明祖朝鮮而欲極其弱率援兵者百万騎日本兵革脅厥
彊敵不堪貞持旋敗績也大明随勝而屯於朝鮮都雖広野沙漠人馬盈地寸土無罅隙当此
時飲気呑声諸将品評而定先鋒於居士居士節下有出群之骨骾不屑其危文禄二年正月
廿六日出朝鮮都南大門外両雄相争所謂履虎尾入羿彀時欤居士歳廿七祷天恭順也候
強敵之変化執曽陽戈折衝千里外諸軍唱凱歌豈非諸天勠力乎鹵獲馘級伏尸者不知其
幾千吁三国天下如潰瓜時哉草木悲凄居士雄虓走卒知焉雖有秀吉公数通感牘大統以
此時可為最也事見于家系慶長三年秋八月秀吉公薨騒屑半而諸軍斂刃退陣於日本地
矣五年秋嬖臣石田三成叛於
東照大神君而起兵立秀頼幼君命而聳動日本諸侯也居士在本国不知厥来由捷書忽降
居士登洛時京極高次守江州路大津城三成偽曰諗秀頼幼君命俾居士攻之居士劈箭甚
急也同年九月十三日徹不迨拒即陥其名高当世矣同九月　神君於濃州関原擒凶徒三
成天下帰神君掌握矣大坂残党榎乱却討居士報忠欲購罪於関東居士老母質于大坂居
士破若于関鍵不移時日戴老母於軍艦速帰本国聴人愕為之任侠矣後往関東訴事実於
神君　神君感為秀吉主君有直義而留給奥州南郷以為食邑矣　神君元和丙辰夏四月
薨　台徳院殿大相国於居士恩遇益厚是故仕江戸金城中昕夕勇談昵不厺厥坐右者年

茲尚矣同六年閏八月給本地柳川城寔稀世之重賞也同八年壬戌被任飛騨守矣寛永九年春正月相国薨嗣将軍家光公立官情不減大相国同十五年九月五日家光公徒御於居士私第是一時之栄盛也同十六年四月廿日改旧容薙髪自号立斎同十六年七月十八日家光公重到居士私第凡有徒御者両会列国之諸侯亦以徒御為家眷居士随侍而一日不懈矣家光公頒藜杖労老賜華巾鼇寿功成名遂身退者諸壮士亦可避一頭地矣同壬午羅微恙而竟不治十一月念五日帰北邙春秋七十六所世嘆惜也矣嗣城忠茂公令歴念七年而為居士庶幾乗蓋代勇徳於龍華而立石碑於吾山碧玉地仍俾予勤記予才陸人而拙記其徳雖然従吾祖大満国師已往大友公為奕乗之檀素不獲止而綴狂簡　銘曰

大友嫡裔　勇功達人　有慈有恵　大度寛仁
労問群士　撫育万民　叙階四位　陥城大津
肥薩蜂起　一時平均　大明百万　禦衝八垠
数通感牘　為希世珍　九州尢物　出類離倫
肆相国命　持操節真　徒御栄盛　威息邊塵
老蒙藜杖　退拝華巾　屋裡奄價　畜膂力臣
立花氏邵　柳川城鎮　仏閣檀越　亀石万春

寛文第八戊申歳仲冬念日
嗣城前四位侍従遠庵忠茂公立之

（「碧玉庵由来」）

右の翻刻は、同史料（「碧玉庵由来」）が一部を除き一行十八字で記載されているため、二行分（三十六字）を一行にまとめて記載した。内容は、家光の御成や杖・頭巾を賜ったことなど「寛永諸家系図伝」に記載されているものと重なり、特筆すべき点はないが、史料の冒頭の「雪庵和尚製」については、実際の碑文では「雪庵和尚叟撰」とあり、異なる。さらには、碑文の「秀吉」の前には欠字があるため、翻刻と碑文は完全には一致しない。

碧玉庵址の石碑
（京都市北区）

碧玉庵

『紫野大徳寺の歴史と文化』によると、次に引用するように、碧玉庵は藍溪和尚が建立した大慈院の寮舎を元とし、それが雪庵和尚に付与され、碧玉庵と改められたとされる。

碧玉庵は現存せず、紫野高校のテニスコートの向かいに石碑のみ残されている。

碧玉庵は、藍溪宗瑛（一五七〇～一六五八）が天正年中（一五七三～九二）に建造した大慈院寮舎を寛永年中（一六二四～四四）に天瑞寺の西に殿宇洪麗を造り碧玉庵と号し、これを雪庵宗圭《せつあんそうけい》に付与した（『龍宝山大徳禅寺志』「寮舎并子庵」大慈寮舎の項）。主唱者は京都の金屋寡婦宗長であった。その後に柳川藩主の立花宗茂が檀越となり墳墓を設ける。南派独住により護持された准塔頭であった。後山に紫式部碑碣《ひかつ》があったという（「龍宝摘撮」）。

（竹貫元勝『紫野大徳寺の歴史と文化』）

しかし「碧玉庵由来」には、その起源についてさらに詳しく書かれている。長文の史料だが全文引用し、内容を解説するとともに、関連する人物について図表にて補足説明を行う。

柳立斎公所以有檀素者豊後国主大友宗麟公ヨリ来レリ大徳寺第九十一世普応大満国

師徹岫和尚ト申ヲ御帰依アリテ於大徳寺之内一宇建立シテ徹岫和尚ヲ開祖トセラル令之瑞峯院是也 宗麟公有肖像位牌至于令癸奠不怠 此長老弟子四人アリ長老遷化之後 遷化弘治丙辰 瑞峯院ハ四人之輪住トナル其第三ノ弟子ヲ霊源大龍国師怡雲和尚ト申相続テ御帰依アリ即於豊後寿林宝岸ト云両寺建立シテ怡雲和尚ヲ請シテ開山タラシム師屡居之又筑前州崇福古刹ニ住持ス於茲怡雲和尚道化海西ニ盛ナリ大友之甲族景仰日ニ篤シ怡雲和尚之弟子 遷化天正十七年八月也 仏国大安禅師天叔和尚天仙祐公ト二人アリ天叔和尚寿林宝岸ニ為首座時ヨリ立斎公素ヨリ意慕之 蓋公壮年時分 其後師本山ニ帰リ一宇建立シテ号頓庵暫アリテ大慈院ト改天仙亦天正之始碧庵ヲ寺外ニ建立シテ居住アリ 碧庵之建立在大慈院前 天叔和尚之弟子大規綱宗禅師藍溪和尚ト云天仙円寂之後 慶長十二年 碧庵ヲ藍溪和尚ニ属ス 師則天仙俗之姪 慶長六年春立斎公九州ヨリ御上都天叔和尚旧識且以先師以来有因縁屢大慈院ニ旅寓シ玉フ 相伝フ此間凡三年ト 其頃公親ク大安師之籌室ニ入テ宗門之玄奥ニ忝徹シ玉フ 相続テ好雪英山両尊老見忝雪庵大仲両師也 又有其大安師有馬入湯事一日院号御所望アリ即大園院殿ト号ス尒後立斎公東武ニ御下向アリ天叔和尚遷化 元和六年二月 之後藍溪和尚大慈院ニ住セラル且碧庵ヲ院之北隅ニ移シテ兼帯住持ス同閏八月於関東
台徳相公賜柳川本城回旧量藍溪和尚関東ヱ下向御賀祝被申上公又元和八年初夏飛檄

而再三見招藍溪師終応公之需而赴柳川矣雪庵随侍止ルコト凡二月而還寛永丁丑十月
公馳書而道号ヲ藍溪師ニ見求師即千松隠之尊号ヲ贈ラル法諱之事ハ是ヨリ前直ニ被
談公平常之威名本朝異方共ニ流布シテ走卒モ誦之間宗茂之両字其儘法諱ニ被用可然
之由松隠宗茂ト称セラルト也同十六年四月廿日改旧容薙髪自立斎ト号セラル一日公
寄黄金若干於藍溪師為師請修寺宇此比雪庵ト碧庵之地基於今之地再造シテ碧玉庵ト
改ム於茲所被寄附之黄金相加テ菩提所トシ永成檀種之約シ玉フ令立道雪紹運両高士
之碑此時庫司漸ク成雪庵亦藍溪師俗姪ナリ　同十九年霜月立斎公御逝去ニ付公尚見忝藍溪師コト凡二十年ト也　藍溪ヨリ為代香雪庵柳
川エ下向此時嗣城忠茂公重テ碧玉庵ヲ以立斎公藍溪雪庵如旧約続先考遺志令成墳寺
タマフ此事尚洛之冨士谷紹味エモ被仰越　其後又当庵本坊造営料トシテ納白金二千五百而見移尊牌於祠堂当
一周忌忠茂公遠遺貴似為公追善就于藍溪師見請入室勘弁拈香法語此時客殿落成玄関書院未全備　承応午
歳丁十三年忌之辰又遣使雑之昼師土佐某土佐氏信欤未詳　命シテ公ノ真容ヲ図セシム及讃辞ヲ
藍溪師ニ見需事成テ行年忌夫ヨリ平日祠堂ニ掛在ス先是正保丙戌立花壱岐惟与持公之写照来テ師小祥忌斎会香語ヲ乞テ其ノ上ニ書セシム　又歴
二十七年寛文年中此時藍溪師已に遷化万治元年旧岳笑堂雪庵惟舟四人アリ　忠茂公一日雪庵老漌ニ命シテ銘ヲ勤シテ石碑ヲ
碧玉ノ後丘ニ建シム是居士絶世之清徳ヲ澆季ニ垂レンコトヲ欲ストナリ
碑銘因由布壱岐守惟与感状之席書之ナリ　又貞享戊辰鑑虎公高駕ヲ碧玉ニ被枉之席好雪尊老被枉高駕事凡両三回鑑任公モ正徳ノコロ御入リアリ　熟ラ居

大徳寺歴住持と大慈院・碧玉庵開祖の関係

	大徳寺	大慈院	碧玉庵	碧庵
怡雲宗悦	一〇五世	―	―	―
天叔宗眼	一二九世	開祖	―	―
天仙祐公	―	―	―	開祖
藍溪宗瑛	一五二世	二世	―	二世
雪庵宗圭	一八二世	―	開祖	―

大慈院・碧庵・碧玉庵開祖の関係系図

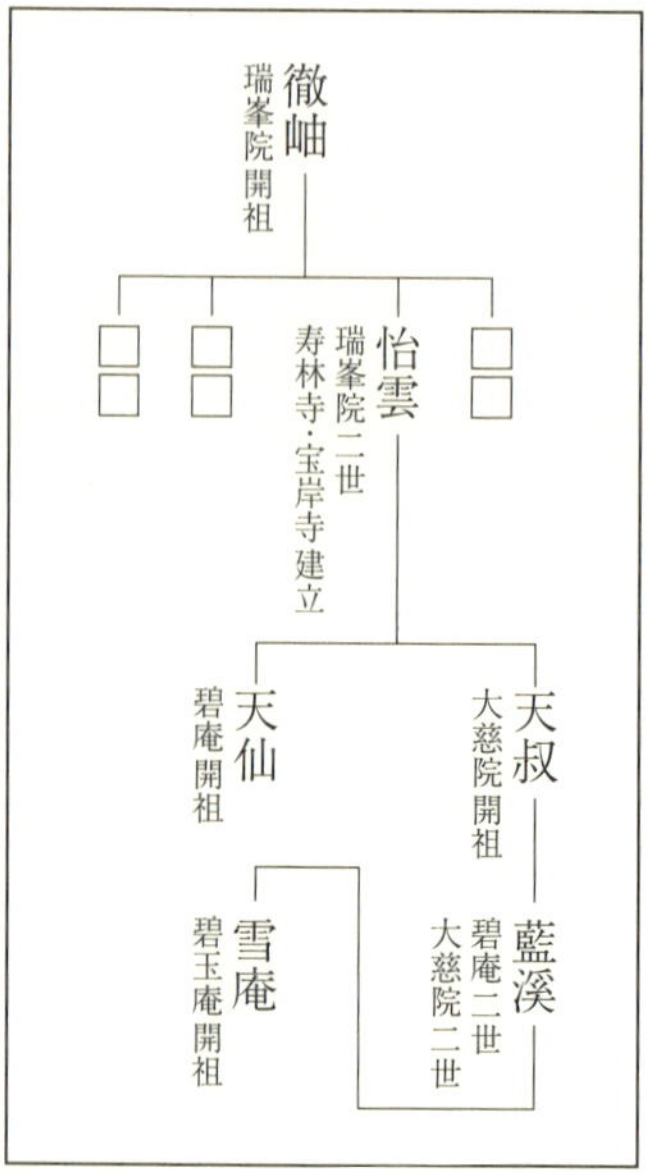

士之真容ヲ拝シテ御嘆惜アリ暦年月丹請及讃詞等卒ニ漫滅センコトヲ恐レテ即麾下良臣鎮昌ニ命シテ当時之昼エヲ撰テ再ヒ図セシム昼エ土佐法眼常昭図之讃詞ヲ当庵第二世大仲老漢ニ写サシム本ノ尊像鎮厳ス令平日祠堂ニ掛在スルモノハ常昭之模写スル処也大友家古来為檀種因由考旧記与所流伝而迷其大略云尒

（「碧玉庵由来」）

これによると、大友宗麟が創建した瑞峯院（大徳寺塔頭）の開祖である徹岫宗九《てっしゅうそうきゅう》和尚には四人の弟子がいて、第三の弟子である怡雲宗悦《いうんそうえつ》和尚が瑞峯院を相続し、その怡雲和尚は豊後の寿林寺《じゅりんじ》・宝岸寺《ほうがんじ》を建立したという。このことが、宗茂と大徳寺を繋げるきっかけとなったようである。

怡雲和尚には、天叔《てんしゅく》（宗眼《そうげん》）和尚と天仙和尚という二人の弟子がいて、天叔和尚は一時、豊後の寿林寺・宝岸寺に行き、その際に立花宗茂と知り合っている。そうすると、先述の「京都伏見大坂町人御扶持方調」の「藍溪和尚兼而御懇意ニ付而也」は、むしろ藍溪和尚の師である天叔和尚の方が適当である。その後、天叔和尚は大徳寺に戻り、塔頭・大慈院の開祖となる。

一方、天仙和尚は天正の初め頃、寺外に「碧庵」を建立して居住し、その没後、慶長十二年（一六〇七）に天叔和尚の弟子であった藍溪和尚が碧庵を引き継ぐ。

天叔和尚没後、藍溪和尚が大慈院第二世となり、碧庵を院の北隅に移した。藍溪和尚は弟子の雪庵和尚を連れて柳川を訪れるなど、宗茂と親交を深め、寛永十六年（一六三九）には宗茂が藍溪和尚に黄金を寄進。その際、ちょうど雪庵和尚が碧庵を再造して「碧玉庵」と改めようとしていたため、寄進する黄金を追加して碧玉庵を立花家の菩提寺としたというのが顛末のようである。またこれらを他の事項とともに時系列で整理すると、次の表の通りである。

宗茂壮年期	天叔和尚が豊後にいた際に宗茂と知り合う。
天正初め（一五七三～）	天仙和尚が「碧庵」を建立。
慶長六～九年（一六〇一～〇四）	宗茂が大慈院など上方滞在。
慶長十二年（一六〇七）	天仙和尚没、碧庵を藍溪和尚が引継。
元和六年（一六二〇）	天叔和尚没、藍溪和尚が大慈院第二世となり、碧庵を院の北に移築。
寛永十六年（一六三九）	雪庵和尚が碧庵を碧玉庵に再建。

なお、寛政十一年（一七九九）に刊行された『都林泉名勝図会』には、碧玉庵の図が掲載されている。

瀬戸天目茶碗（碧玉庵伝来）

その後、碧玉庵は明治初期に大慈院に統合され、碧玉庵に伝わる寺宝は全て大慈院に移されたとされるが、実際は一部寺外に流出したものとみられる。著名な事例では、現在、樂美術館（京都市上京区）に伝わる雲谷等益《うんこくとうえき》（一五九一～一六四四）の花鳥図襖三面がある。またこの度、碧玉庵伝来とされる瀬戸天目茶碗の存在が確認された。高さ８・３㎝、口径

大徳寺塔頭碧玉庵図

（「都林泉名勝図会」より、国際日本文化研究センター蔵）

11・5cm、高台径4・5cmからなり、銀覆輪が付き、全体に飴色《あめいろ》の釉薬がかかる。また、高台内に墨で「碧」と記され、九十度回転し「碧」の字を挟んで「本源」と朱書きされている。

碧玉庵伝来 瀬戸天目茶碗（古田織部美術館蔵）

寿林寺・宝岸寺

「碧玉庵由来」に見られる寿林寺・宝岸寺は、両寺ともすでに廃寺となっている。寿林寺については、「豊後国志」によると、臼杵《うすき》市北部の諏《す》訪《わ》山《やま》に存在していたことが記されている。

寿林寺
在臼杵荘諏訪山。善鳴録曰。弘治丁巳。九州都督大友義鎮。欽大徳怡雲禅師芳猷。剏大休山寿林寺於豊之臼杵。是也。
今廃。

（「豊後国志」）

また宝岸寺については『豊後史蹟考』に次のように解説されており、宗麟の側室のために寺浦の地に建立、後に移転されたが、承応三年（一六五四）に廃寺となった。

○宝岸寺址　臼杵荘海添に在り、小鑑云、海添に在しも今は廃しぬ、宝岸寺は宗麟入道の簾中宝岸寺殿月松清心大禅定尼の為め、城東、寺浦に建立し、東海山と号し、恕天慶公上人を開山とす、太田飛騨守の時、海添表原山の下に移す、鎮西派の大地なり、然るに承応三年、事ありて滅却し、今はたゞ其名のみ残れるなり、寺の鎮守に稲荷の祠あり、尤霊威の神なり、寺滅却の時、予が先の家、其寺に隣す、故を以て寺僧其神体を以て之を附す、乃て今其祠猶予が家にあり、

（佐藤蔵太郎『豊後史蹟考』）

なお、現在、宗麟側室の墓は大橋寺（大分県臼杵市平清水）に移されている。

富士谷文書にみる大徳寺

また、次章で取り上げる「富士谷文書」にも、大徳寺と宗茂の関係を示すものが複数残されている。例えば宗茂から富士谷六兵衛に宛てた年不詳五月十八日書状には「大徳寺藍渓和尚へ書状進之候間、被相届可給候」（「富士谷文書」一四三）とあり、同じく年不詳四月十一日書状には「又藍渓和尚ゟ預御状候返事進候之間、其方ゟ被相届可給候」（「富士谷文書」一六四）とあるように、江戸にいる宗茂が京都の富士谷家に手紙を出す際に、藍渓和尚とも合わせてやりとりをしていたことが窺《うかが》える。

このほか、二代藩主忠茂の時代になっても交流は継続し、「雪庵和尚へ即之懸物秘蔵ニ而、朝夕病床之なくさみ不過之よし、よく〳〵可申候」（「富士谷文書」一三九）とある。さらに時代が下り、三代藩主鑑虎《あきとら》の時代においても、次のように宗茂の法要のために銀子を送るなどの繋がりがあった。

急度町飛脚ニ而申候、来廿五日大円院殿御年回付而、大徳寺江香典銀子五枚、好雪ゟ被遣候由、た丶今被仰候、其方持参可然候、右之節於碧玉可申ハ、広徳寺ニ而法事執行申候間、於碧玉ハ両和尚并弟子計ニ而軽ク茶湯被成候様ニ好雪・拙者申候由、両和尚へ可申達候、為其如此候、謹言

十一月廿八日　　立左近（花押）

冨士谷

六兵衛とのへ

（「富士谷文書」一八一）

このほか、「真珠庵文書」にも藍溪和尚・雪庵和尚に関する書状が数多く残されている。以上見てきたように、怡雲和尚の弟子の天叔和尚の系統と立花家が深く結びついてきたことが分かった。この縁で、一六〇一～一六〇四年の間、茶の湯と縁がある大徳寺に宗茂が滞在したことが、宗茂の茶の湯において初めのターニングポイントとなったわけである。

第四章　京都商人富士谷家

富士谷《ふじや》家については、後年に編集された資料ではあるが、「柳河藩政一班」によると、「京都ニ屋敷ナシ。唯タ柳河ノ侍ノ名称ヲ以テ、居住セリ。即チ所謂富士谷家是ナリ。（中略）此職ハ専ラ衣服購入ヲ為スニアリ。即チ藩主ノ自用物ヨリ、臣下ニ分チ与フル上等衣類等ハ、皆ナ之レヨリ調達送付セリ」と解説されている。元々京都商人であった富士谷家であるが、柳川藩立花家の家臣という側面も持ち、藩主の自用や家臣に下賜する高級な呉服の調達といった御用をつとめていた。

富士谷家の系譜については、穴井綾香氏の「富士谷文書「立花家歴代藩主書状」について」に詳しく、ここでは重複した説明は避けるが、それによると、歴代の人名と没年は次の通りである。

①種奥（小河彦次郎、紹務）寛永八年（一六三一）没、②高知（小河六兵衛、紹味）延宝三年（一六七五）没、③高言（六兵衛、紹貞）貞享元年（一六八四）没、④保明（六兵衛、紹元）元禄十二年（一六九九）没、⑤安治（千右衛門、紹把）没年不明、⑥尹寿（千右衛門、紹機）寛政十年（一七九八）没、⑦成章（千右衛門、紹琬）安永八年（一七七九）没、⑧成元（千右衛門、御杖、紹因）文政六年（一八二三）没

このうち、宗茂の時代の富士谷文書には紹務《しょうむ》、紹味《しょうみ》の名が見られるため、御用を務めて

いたのが種奥、高知であったことが分かる。

なお、儒者・皆川淇園《きえん》（一七三五～一八〇七）の実弟で富士谷家の養子となった富士谷成章《なりあきら》（一七三八～一七七九）、およびその息子の富士谷御杖《みつえ》（一七六八～一八二三）は、ともに江戸時代の国学者・歌人として、国文学の世界で著名である。「富士谷」の読みは、富士谷文書の中では「ふしや」「藤屋」との表記が確認され、宗茂の時代には「ふじや」と呼称していたことは間違いないが、いつから「ふじたに」へと変化したかは不明である。

「京羽二重」に見える富士谷家

繰り返しとなるが、宗茂は浪人中、「於京都ハ大徳寺中之大慈院 藍渓和尚兼而御懇意ニ付而也 並小河彦次郎宅」と、京都では大徳寺と富士谷家を宿泊地としていた。「京羽二重」には次のように「呉服所」として富士谷家が記されている。

立花飛騨守殿　筑後柳川　十万九千六百石
中立売西洞院西へ入町

呉服所　藤屋六兵衛

ここは中立売通《なかだちうり》に面し、西洞院通《にしのとういん》と小川通に挟まれた場所で、現在は京都府林務事務所（上京区中立売通小川東入三丁町四四九）となっていて、一角に「富士谷成章宅址碑」と書かれた石碑がある。

なお、同史料の他の大名家を見ると、「呉服所」だけでなく「屋敷」「留守居」の項目もあるが、立花家の場合は寛永十年（一六三三）頃に京都屋敷を売却しており、それらの機能を富士谷家が包括していたものと考えられる。

また、中野等氏ほかの『近世大名立花家』の中で紹介されているように、富士谷家の機能について「呉服所と京都——秋田藩を事例として——」（年報『都市史研究』7首都性、山川出版社、一九九九年）で、京都商人の役割は呉服・手工業製品の調達や藩主の宿泊や藩主への御目見などで、それらはいずれも、立花家の呉服所である富士谷家にも当てはまると考察している。

富士谷成章邸址碑
（京都市上京区）

「先祖記」に見える富士谷家

ここで、京都の豪商大文字屋の事蹟を記した「先祖記」より、富士谷家と京都商人との縁戚関係を見てみる。

旧富士谷家所在地

一三宅宗知ハ鎰屋常栄の姉聟也。其産の娘、桔梗屋宗与後妻にて、桔梗屋素軒のためにハ継母也。又宗与内儀の妹は、名をおまんといひて、冨士谷紹味の内義也。さて鎰屋常栄姉は右二人娘を産死去也。其後冨士谷紹味姉を三宅宗知後妻に被呼、宗勢・宗舟・おすて三人を被産候。おすてハ大文字や平兵衛内義也。然る故冨士屋紹味は、宗知之ためにハこじうと也。其上宗知二番目之娘おまんを、紹味妻に致さるゝ故、又聟にてもある也。

（「先祖記」）

関係が複雑で分かりにくいが、図示すると次頁の通りである。

図のように富士谷家では、富士谷紹味（高知）の姉が後妻として嫁いだ三宅宗知との間の娘（おすて）が大文字屋宗徹に嫁いでいるなど、虚堂《きどう》墨跡や日野肩衝といった名物茶道具を所持していた大文字屋と縁戚関係であったことが分かる。

三宅宗知と宗茂の関係

紹味の姉を後妻とした三宅宗知も立花家に出入りした京都商人で、「富士谷文書」の宗茂書状の中には、宛先に富士谷家と三宅宗知が併記されたものも確認される。この宗知の子孫と見られる三宅源次郎は「京都伏見大坂町人御扶持方調」に名を連ねる。

同史料では、三宅源次郎の曽祖父が三宅宗因（源右衛門）で、柳川藩三代藩主英山（鑑虎）

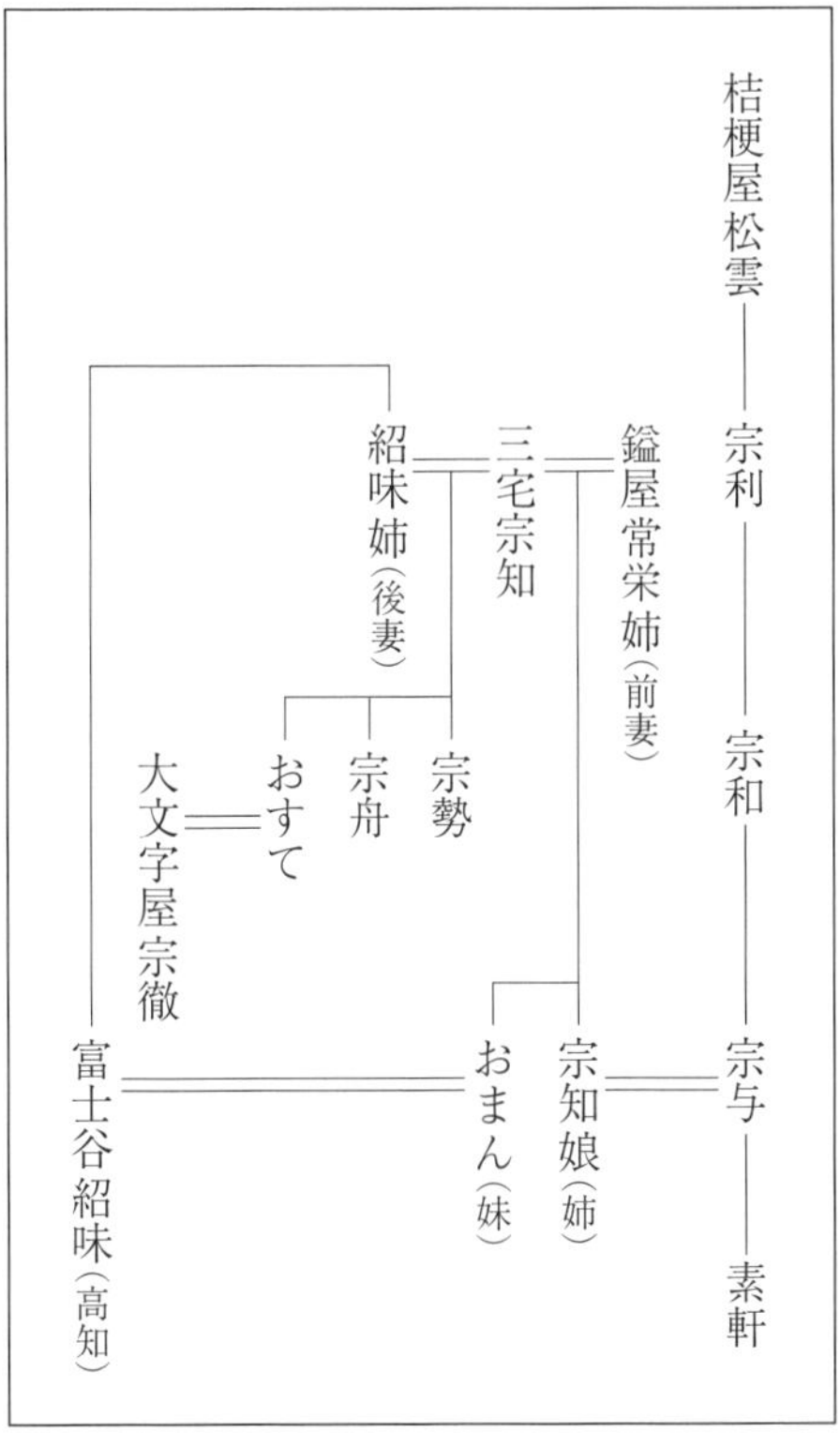

富士谷家と京都商人との縁戚関係
（「先祖記」による）

の時代から立花家に出入りしていたことまで遡《さかのぼ》っているが、「延宝之始ゟ御出入ハ仕御用銀茂少々宛ハ差出候得共御扶持ハ不被下候」と扶持を与えられていなかったため、「立斉様御代ゟ御出入ト申義ハ一向証拠少茂無之候条弥虚説与相聞候」と、宗茂の頃からの出入りを否定している。

しかし「富士谷文書」によると次の通り、宗茂は三宅宗知からも借銀をしている。

以上、
一筆申候、今度従
上様御銀被借下、承仕合共候、然者其元之借銀共払候へと申付遣候、誠此中事欠候時分、各肝煎ニて借用候事、大慶存候、以来も用所之刻者可頼存候、尚期来音候、恐々謹言、

立飛驒
宗茂（花押）

三月十一日
三宅宗知老
ふしや紹栄老
御宿所

（「富士谷文書」一三一）

この他にも、宗茂と三宅宗知は多数の手紙のやりとりを行っていて、特に「三宅宗知内儀死去之由候、驚存候、嘆息察入候、宗知へも以状可申候へ共、可為取込と無其儀候、此旨可被申達候」（「富士谷文書」一一九）とあるように、宗知の妻が亡くなったことを知った宗

茂が、哀悼の意を表するほどの親交があった。三宅宗因（源右衛門）が三宅宗知の親族である前提ではあるが、宗茂の頃からの出入りが「虚説」というのは誤りであろう。

なお、前述の「先祖記」に現れる三宅宗知の息子宗勢・宗舟と繋がるまでには至らなかったが、「京都伏見大坂町人御扶持方調」に見られる三宅家歴代は次の通りである。

源右衛門（宗因）――五郎兵衛（宗也）――宗治――源次郎

さて、この三宅家についての記述は、江戸時代中期の豪商三井高房が書き記した三井家の訓戒書《くんかいしょ》として知られる「町人考見録」にも見られる。

○三宅五郎兵衛

中立売に住す、大名借にて中位の身上に候得ども、世上によく存候故爰に記す、右三宅が一家、上中京に数家有之候得ども、いづれも大名借にて潰れ申候、（ママ、源右衛門カ）五郎兵衛後に宗因と云、其子五郎兵衛法体して宗也といひしが、段々困窮す、元来立花家へは久敷出入の町人にて、関ヶ原御陣の節、立花殿大坂方にて彼軍敗れて、暫三宅が方に隠しおき、帰国の後立花家の重宝千とせの硯箱を賜ふ、此硯箱近世銀座深井氏求て有しが、彼銀座闕所の節公儀へ上る、外の道具は入札にて御払候得ども、如何の訳にや片輪車の手箱、但し是は和州法隆寺の什物、又若狭盆、此千とせの硯箱三色は出不申留り申候、偖宗也身上は皆々立花家へ借とられ、二十人扶持給ふといへども、其身は中風煩ひ、殊に伜娘は有之、借銀にはせがまれ、家財はとくになく致し、其上古き家の手代、年老病人同前、旁其日も暮しがたく、夫故娘は尼に致し、北野真盛寺へ遣し置、彼手代も見捨がたく、是非なく少しの扶持方を分け、其身は京に住がたく、はるばる筑紫へ伜同道にて下り、柳川に借銀の願やら、又京も暮しがたき故、いつまでも彼地に滞留して、立花殿の養を請に罷越居申候、此宗也は家原自元従弟にて候、か丶る由緒有之者さへ、衰候へば曽てめぐみも無之事、況や当分の出入にて、金銀取替滞候とて、何の取上有べきや、人の情は世にありし時と、昔より申伝へ候

（「町人考見録」）

当史料によると、三宅家と立花家は宗茂の時代から交流があり、宗茂が浪人中に三宅家に滞在し、立花家の重宝である千年硯箱《ちとせすずりばこ》を与えたとされる。三宅宗也の頃には柳川藩より

二十人扶持を賜りながらも病気により困窮し、その訴えのために、宗也は倅《せがれ》とともに柳川に下向したとのことである。

この三宅宗也の柳川下向については「京都伏見大坂町人御扶持方調」にはもう少し詳しく記載されている。それによると、享保二年（一七一七）より二十人扶持に加増（元は十五人扶持）されたものの、生計が困難となり、享保年中に歎願のために柳川に下向した。ただし、享保十七年（一七三二）の領内の飢饉により柳川藩からの給付が捗々《はかばか》しくなくなり、京都に戻ることも困難となって長年柳川に滞在し、一旦京都に戻ったものの再び柳川に下り、その地にて病死したとある。

享保二年酉三月十八日御扶持方御加増弐拾人扶持ニ被仰付候、興源院様御代享保十四年酉冬迄ハ御扶持方無相違被相渡候、然処宗也事身上殊外不如意ニ罷成、何分相続仕兼候ニ付享保年中為御歎柳河江下候、

（中略）

追々格別出精之彼者事故何卒被相渡度候得共享保十七年子秋御領中飢饉ニ付其後ハ年増御難渋之事故墓々敷御渡方不被相成、依之京都江罷帰候義茂難成多年柳河江逗留

仕候、尤半ニ而暫ク罷登候得共又々罷下居候処、老年之事故於柳河終病死仕候
（「京都伏見大坂町人御扶持方調」）

千年硯箱については、「京都伏見大坂町人御扶持方調」においても「千年ト申御硯箱を（後京極義経所望之硯箱也）被為拝領候由一説有之候」と記され、宗茂より拝領したとされている。この千年硯箱は、後に京都の銀座年寄・深江庄左衛門の所持となるが、正徳四年（一七一四）に深江庄左衛門が勘定奉行であった荻原重秀《おぎわらしげひで》の事件に巻き込まれて流罪・闕所《けっしょ》となり、入札の上、売り払われた。入札では銀三十貫五十目八分の値が付けられたが、結局落札者の手には渡らず、二条城の御蔵に納められることとなる。

茶道具の調達

話が逸れてしまったが、富士谷家の主な機能としては呉服の調達、その他の手工業製品の調達が挙げられ、富士谷文書には呉服のほかに茶の湯に関する記事が多いのが特徴である。茶壺については後ほど詳細に取り上げるが、先に茶道具について見ていきたい。

まず、次は忠茂の時代のものではあるが、瓢炭斗《ふくべすみとり》（炭点前の際に炭や火箸などの道具を入れる器、瓢箪《ひょうたん》製）を茶壺とともに調達している。

一書令申候、然者先日者つほとも念入認被差越、無異儀相届、大慶ニ存候、并炭とりふくへ到来、是又満足、其元も弥無事之由、珍重候、此方も同前在之候、可心安候、謹言、

十月廿九日　　左近
　　　　　　　忠貞（花押）
ふしや
紹味まいる

（「富士谷文書」三二五）

また、次も宗茂の書状か不明ではあるが、数寄屋碗・壺・皿・飯次《めしつぎ》・燗鍋《かんなべ》といった懐石《かいせき》道具と、折敷《おしき》（食器や杯などを載せる方形の盆）の鉋目《かんなめ》（鉋の削りあとを立てて塗ったもの）の足がないものなど、必要な道具について具体的に指示している。

覚

一、すき屋わん・つほ・さら・めしつき・かんなべ、此分ハ書中ニ具ニ申候、

一、折敷かんなめニあしなし、ひら折敷すミきらす、とぢ折敷色くろし、これもわん同前ニ十人前、

一、ぬりかた口弐つ、めんつ五つ、杉かた口五つ、

一、町ちやせんノあしきを廿、

一、はんだほうろく十、はいほうろく十、此内少かわりたるもくたし候へく候、

一、ひばし十せん、はいすくい五つ、

一、先度又右まて申候小ひしやく、

以上、

右之前調置候て便宜〳〵に次第〳〵にくたし候へく候、口きりの用ニて候、当年口きり八月之時分奉存候、以上

二月十九日

ふしや六兵衛殿

大見又右衛門殿

（「富士谷文書」二〇五）

宗茂の時代においては「瀬戸茶入一つもとめ申候、当暮ニ下屋敷ニて口切ニ出し可申と存事候」（「富士谷文書」一四二）と、富士谷家を通じて茶入を購入したり、「かまのそこ」を「佐久間河内」なる人物から調達していることが見える。これは、湯を沸かす釜は通常鉄製の鋳物が用いられ、経年で底が朽ちてしまうため、新しい底を佐久間真勝《さねかつ》（一五七〇〜一六四二、安土桃山・江戸初期の武士、将監、茶室寸松庵《すんしょうあん》を建てて茶湯三昧《ざんまい》に過ごし、所持していた紀貫之の色紙は寸松庵色紙として有名）に発注したものと考えられる。

又先日便ニ申候佐久間河内と申人ニかまのそこあつらえ申候、今度出来候者、此者ニもたせ下り候へと申付候

（「富士谷文書」八）

また元和六年（一六二〇）と考えられる九月十三日の書状においても、真勝に釜の底と茶入の蓋と袋を依頼している。なお、宗茂はこの真勝と寛永十五年（一六三八）十一月二十八

日の茶会において同席している（『徳川実紀』）。

将又佐久間河内と申候人、御入内之刻、被罷上候、其節茶入之ふた・ふくろ上家ニあつらへ申候、又かまのそこたのミ申候、かまハはや下り申候、右之道具之代共、其もとニて貴老へ御申候て、被請取候へと申遣候間、則我々切紙を河内殿へ遣し申し候、代ハ何ほともいまたしれ不申候間、河内殿ゟ被申次第、御渡候て可給候、かま之そこハ廿目と申来候、其上ニても被申次第、被遣可給候、頼存候、恐々謹言、

立左近
宗茂（花押）

九月十三日

河内殿へ遣候切紙ニも（印）
此印ヲおし申候

ふしや
紹務老

（「富士谷文書」二八）

竹子家

また、後年には「竹子次郎右衛門所へかまノそこさせ候へと申遣候」（「富士谷文書」六六）と、竹子次郎衛門に釜の底を依頼している。富士谷文書には竹子宗甫《そうほ》、竹子宗元、竹子次郎右衛門らの名が見られ、次郎右衛門が宗甫と宗元のどちらか、あるいは別人に比定されるかは現時点では不明である。なお、竹子宗甫については、「寛永六年侍帳」の「定御供衆」に名を連ねる。

定御供衆
高五百二石九斗五升　村尾主膳
同五百二石九斗六升　木付帯刀
百五十石　曽我儀大夫
百四十六石　竹子宗甫

（「寛永六年侍帳」）

定御供衆とは、「江戸詰めの家臣が忠茂付きの「若殿様江戸詰」と宗茂付きの「定御供衆」にわけられている。忠茂付きの筆頭は立花惟与（本姓由布、壱岐守）、宗茂付きでは木付茂慶（帯刀）・村尾主膳である」（『近世大名立花家』）との解説の通りで、竹子宗甫は宗茂付きの家臣であった。

この竹子家の役割については正確には解明出来ていないが、「仍如毎年之壺共指上せ候、其許竹子次郎右衛門方相談を以万事念入候様ニ頼入候」（「富士谷文書」三六九）と、後ほど述べる茶壺の調達に関し、茶師との間を取り持ち、茶壺の運搬に関わる役目を担っていたようである。

宇治茶師と茶壺

宇治茶師とは、その名の通り京都の宇治において抹茶の製造に従事した茶業家で、一般的には江戸時代に幕府の御用を務めた上林家などの御用茶師を指す。各大名家も抹茶調達のために宇治茶師に発注しており、その流れとしては大名家から宇治茶師に空の茶壺を送り、五月頃に宇治茶師が新茶をその壺に詰め、夏の間は冷暗所に保管され、十月の口切に合わせて大名家に送られたとされる。

宇治茶師については、各大名家から上林三入《かんばやしさんにゅう》家に宛てて出された「上林三入家文書」を中心に、多くの先行研究がある。残念ながら宗茂から上林家に出された書状は残されていないが、ここでは富士谷文書に散見される茶壺の記事より、宗茂がいかに茶を調達していたかを明らかにしていきたい。

例えば、次の宗茂から竹子宗元・富士谷六兵衛・大見又右衛門宛に出された書状では、茶壺を竹子次郎右衛門から上林家に渡すように指示を出している。

一、つぼ其外爰元ニ不入道具、少々指登候、よく〱其元ニ預り可被置候、つほニ次郎右衛門尉より上林へ渡し可被置候、つめ候時分ハ多分可上候へ共、其中つめ候ハ、、いつものことく頼入候

（「富士谷文書」一五二）

そのほかには茶の御礼であろうか、富士谷を通じて上林へ書状と小袖五つを送るように指示を出している。なお、ここでも竹子次郎右衛門が茶壺の運搬に関わっているようであ

る。

如例年はやつほのほせ申候、将亦上林へ状并小袖五遣之候、其元ニて相調、竹子次郎右衛門迄可被相渡候、此旨次郎右衛門へも申遣候、つほハ其方てまへニめし置、ちやつめ候時分、次郎右衛門相談候て、宇治へ可被相届候

（「富士谷文書」一一八）

この時点では、どの上林家であるかは不明であるが、宗茂晩年とみられる書状では、次の通り上林家の嫡流上林六郎（峯順《ほうじゅん》）や分家の上林平入《へいにゅう》の名が確認され、これらの宇治茶師から購入していたと考えられる。また、そこには宗茂の養女と結婚した本多俊次《としつぐ》（一五九五～一六六八、下総守《しもうさのかみ》）の名も見られ、共同して茶を購入していた様子が窺える。

つほを一人相添のほせ申候、峯順所へ壺之注文仕遣候、昨年ハ本下総殿へ我等つほにして遣候へ共、当年ハ此以前之ことく詰候て遣候計候、つほハ此まへ遣つけたることくニ、定而下総殿よりすくニ可参候、つめ候てからも此まへのことくニ可被仕候、又

平入へ昨年ハ遣候へ共、不善つほ被遣候も、結句不入儀候間、峯順かたへも壱枚つめハをそらく在之よし候、残ハ不断ちや算用詰ニと申遣候、右之理為可申述、平入へも一筆遣候

（「富士谷文書」三五）

穴田小夜子氏によると、「江戸時代初期には各茶師は大名の個人的な愛好によって、その御用をつとめていた傾向が特に強かった。そのため、各大名家のお抱茶師というのははっきりと決まっていなかった」（「江戸時代の宇治茶師」）とされる。忠茂の時代になると、「将又上林平入ニて詰候茶つほ、是又慥相届候」（「富士谷文書」一六二）や、「茶壺上せ候道中無事候哉、其許ニ而能々見候而、星野へ可遣候茶□候ハ、、如例年愛宕預可申候、宗以へも此度状遣候、可相届候、紹味へ申候、無事ニ候哉、承度候」（「富士谷文書」一七一）と、宇治茶師の上林平入や星野宗以《そうい》からも購入していることが確認される。

本多俊次

本多俊次との共同調達については、「本多下総殿へ毎年つめ候て遣候つほ」(「富士谷文書」一七)、「下総殿つぼハ則大坂へ申遣候」(「富士谷文書」五七)、「本下総殿へ進し候つほハ、はや亀山へ被取下候由、被申候間、不及口能候」(「富士谷文書」一三四)、「下総殿ちやつほの儀ハ、定而従西尾取ニ可参候、此方へくたし無用候」(「富士谷文書」一六一)など、ほかにも多数確認される。また坂本博司氏は「三入宛書状の研究」の中で、本多家の茶は菅沼家(丹波亀山藩)とも同様に詰められていたことを指摘している。

次の史料は、寛永六年(一六二九)に本多俊次から上林三入に宛てた書状である(畠山記念館所蔵)。

一立飛州、我等つほ詰り申候ハんとの給候故、もらい茶にて候へハ、壺一ツ越申候、我等迚之事と存、壱枚詰にと申候、貴殿頼入存候間、飛州茶ニ替候ハぬ様ニ茶のうまき能を、袋ヲ多く入候様ニ、上林ニ御申頼入存候、必々能々御仰可給候、未近付にて無之

候故、上林殿へハ状越不申候

（「上林三入家文書」畠山記念館一八）

こちらも坂本氏が「本多は三入に対して、立花のところの茶と変わらないものを、上林に詰めさせてほしいと頼んでいる。本多自身は上林とまだ親しい関係ではないので、書状は出さないともいう。（中略）上林峯順の茶は、やはり彼らの間でたいそう評判になったものと思われる。三入を通して融通してもらうこともあった」と取り上げている。なお、「壱枚詰」とは「おそらく一壺あたり大判一枚を支払う、後に大判詰あるいは黄金詰と称する高級な茶詰を意味するものと思われる」（『大名と茶師』）とされる。

このほかには、『佐賀県史料集成』所収の俊次から上林三入に宛てた書状の中にも、立花忠茂の名が見られる。参考までに次に載せておく。

尚々、立左近所へ越申候三斤程入申候、壺壱、立主膳殿へ遣申候一斤程入申候つほ壱、何れも被入念御詰候而可給候、箱なとに念を入御遣し可給候

（「上林家文書」佐賀県史料集成二二一―三〇三）

将亦、拙者も近日江戸へ罷下候条、御紙面之通、立左ニも具ニ可申候

（「上林家文書」佐賀県史料集成二二一―三〇五）

茶壺の運搬

穴田氏によると、「茶を栽培し、茶摘みの後製茶し、それを茶壺に詰めるまでが茶師の仕事でその茶壺の運搬は茶を購入する者がおこなった」（「江戸時代の宇治茶師」）とされる。確かに、富士谷文書には「茶壺とも取ニ人をのほせ候、つほ共入念候やうに憑入候」（「富士谷文書」一一九）といった、運搬に関わる用語が見られる。

竹子次郎右衛門の関与は前述の通りだが、「将又茶つほ取ニ人遣候、次郎右衛門尉被申談、入念日用なとも丈夫なるもの借被相越可給候」（「富士谷文書」一〇三）と、実際には日用（日雇いの人夫）が運搬したようである。この日用についても、「つぼの儀ハ、最前如申、日用ニて渡し切候て可被差越候、此者共ハ、船渡りなとニてしせん日用計ニてハ口能とも可在之かとのため」（「富士谷文書」五七）、「つほの事ハ、よく〳〵日用ニ相渡、無異儀やうに申

付、くたし可給候、」（「富士谷文書」一六一）、「頃つほ日用ニて差下候様ニと申越」（「富士谷文書」一六三）と、多くの記述が見られる。また、その日用の指揮を行っていた「宰領」の存在もあったようである。

茶つほ取ニ遣候、如例年山より取よせ、被入念可給候、井手権太夫□此者ハ宰領一□ニて候、無案内ニて存ましく候、つほの拵其外、如常不及申候

（「富士谷文書」一七）

茶つほ取ニ遣候、宰領ハ遣候へとも、其元ニてつほのこしらへ如例年其方なと入念日用ニもたせられ候へく候、道中船渡難所のミニて候間、よくよく可被入念候、左近茶つほも同前ニ下り申事候間、紛候ハぬやうに尤候、不及申候

（「富士谷文書」一六四）

村田了九

先述したように、竹子家には宗元、宗甫という名前の者がいて、「一、宗甫ニ参会候者、内々申候ちいさきつほ取候而つめ候ハヽ、此方へ宗甫下之刻くたし申度候、乍去茶悪成候ハんならハ、如何ニて候、大略ならハくたし可申候」(「富士谷文書」六九)、「尚々、ちやつほ無異儀下着候、いまた何かといそかしく候て、口切不申候、下々へくたり候茶とも、一段当年ハよく覚申候、宗元精入候故とまんそく申候」(「富士谷文書」一一四)などと、いずれも茶に関わっていた。

一方、この竹子家とは別に、「つほ其方へ相渡候へと、了九へ申遣候」(「富士谷文書」三一)、「如例年茶つほとも登せ申候、其元宗元と相談候て入念可給候、頼入候、了句へも状遣候」(「富士谷文書」一一五)とあるように、村田了九(了句)という人物も茶に関わっていたことが確認される。了九も京都在住だったようで、「了九所ゟあつらへのまきゑの物くたし候ハヽ、差下可給候」(「小野文書(伝習館文庫)」一一二)など、「その他の手工業製品の調達」を担っていた。

但《ただ》し了九の特筆されるべき任務は、「一、壺ニ愛宕ニ置候、了句申談、いつものことく入念くたし可給候」(「富士谷文書」一三四)といった、愛宕山《あたごやま》との関連である。次の史料は、宇治で茶を詰めた茶壺を、愛宕山に上《のぼ》すことについて了九が関わっていたことを示すものである。

茶の様子、宗元かたへ宗甫ゟ申遣候、小田部右馬助早々隙明候哉、承度候、以上、
此中ハ便宜打絶候、其元易事無之候哉、此地別条なく候、然者如例年茶つほさしのほせ候間、宇治ゟ茶つめ参候者、如毎年あたこへのほせ置可申候、其段了句へも申遣候、
今日日光供奉之事候間、取紛紙面不委候、恐々かしく、

卯月六日　　　　　　　飛騨
　　　　　　　　　　　　宗茂(花押)
　ふしや
　　紹味まいる

(「富士谷文書」九二)

『宇治市史』によると、「愛宕山頂の諸坊舎が、諸家の茶壺を預かるのは相当古い習慣」で慶長年間には既にその事例が見られ、寛保元年（一七四一）以前は愛宕勝地院（長床坊）が預かり、その後同院が焼失したことから威徳院の土蔵に保管される例が生じた。ところが、やがてその土蔵も破損したので教学院に預けられることとなった」とされる。

次の二点の史料は、了九が愛宕山に茶壺を上す・下《くだ》すことに関わったことを示すもので、長文となるが引用する。

尚々、市丞所へも状遣候間、其方ゟ可被相届候、茶ハ五月十日時分つめ可申旨申来候間、内々其心得尤存候、又先日目かね被指下、請取申候、一段念入祝着申候、目にも相応ニて候、以上、

一筆申候、つほ共もたせ、弥右衛門尉上せ候、峯順此地春被罷下候、以面申談候間、つほ相渡候者、則此者くたり候へと申付候、すくニ宇治へ遣候つほ、つまり候時分、其方迄一左右あるへく候、又其方ゟも時分ニハちとをとつれてつめ候者、其方請取候て、了句申談、あたこへ上置可給候、自然其方何とそ隙入、さし合も候者、大坂へ被申越、甲斐市丞罷上、請取候やうにと申付候、上林所へも其方市丞両人間ニ不被相渡由申遣

候、宇治ゟあたこまて日用其外入用候儀、市丞ニ可被申付候、此方ゟも其通申遣候、又藍溪和尚より預御状候返事進候之間、其方より被相届可給候、尚追而可申候、謹言、

卯月十一日　　　　　　　　　　　　　　立斎

ふしや紹味まいる　　　　　　　　　　　（花押）

（「富士谷文書」六四）

以上、

一筆申候、来十月初頃口切仕候間、つぼ取ニのほせ申候、如去年壱人のほせ申候間、日用ニて入念可指下候、了句へハつぼを山ゟ下し候間、いつものことく頼入由為可申、別紙ニ可遣候へ共、少取紛候間、同前ニ申候、家具十人まへ入念下シ申度候、あつらへ申候者出来申ましく候間、出来合之内見合せ調可被下候、よく候へハ、わきニてもくるしからす候、具宗甫所ゟ可申越候、其外口切道具共不足之分、皆宗甫所ゟ可申越候、大坂蔵本之物共へも申遣候間、払之地可被申談候、つぼもなにも当月中ニ参着候様ニきもいり頼入候、又了堂和尚へ毎年丹波焼つぼ一つ進之候、先月上洛之事候、妙心寺か奈良か両所間ニ居られ候ハんと存候、則音信も申候間、つぼ其方ニとめ置、音信同

前ニ両所問ニ大坂蔵本ものへ内壱人持参候へと申遣候間、可有其心得候、具田宮所ゟ可申越候へ共、如此候、委細ハ宗甫・田宮所ゟ可申越候間、不能細筆候、恐々謹言、

飛騨

宗茂（花押）

九月五日

竹子宗元

ふしや紹味

村田了句まいる

（「富士谷文書」一三七）

この村田了九には、「一、村田了詮へ状一ツ、是了九子ニて候」（「補5 曽我家文書」三八）とあるように了詮《りょうせん》という子がいたようで、また延宝九年（一六八一）の「延宝九酉年知行取無足扶持方共」には茶壺の蔵が置かれた愛宕山の長床坊と、村田了九・了詮の子孫と見られる村田了喜が柳川藩より扶持を得ていたことが記されている。両者が並んで記載されていることからも、村田家が愛宕山に関わる役目を果たしていたことが窺える。

一、同六百目（銀）　是者高百石物成　長床坊
一、同百八拾目　是者高三十石物成　村田了喜
（「延宝九酉年知行取無足扶持方共」）

このほかには、宗茂の側近であった木付帯刀《たてわき》らが、病気の宗茂の回復を祈って、愛宕山に百味を供えている。

一、天照大神様へ　御代参
京
一、愛岩山（ママ）へ　御百味
京うづまさ
一、御薬師へ　戸帳
右大　殿様今度御煩、早速御平安ニ被為成候様ニとの

御立願ニ御座候間、御願書御調被成可有御進上候、則大　殿様よりの御願にて御座候、仍御心得候、万吉々々、

二月十四日

木村帯刀（花押）

村尾主税助（花押）

（「補1　立花文書」六六）

富士谷文書以外の茶壺

大慈院文書の中にも、「大坂へもたせ下申候夏切つほ一つ取遣候、御渡候て可給候、上林ハ其方ニ御おき候て、其外之内ニちと大キなるを御くたしまいらせ候」（「大慈院文書」一）、「遠路御使僧、殊諸白御樽弐つ、抹茶壺一つ、こねり九年丹拝受、種々被入念候段、中々書中不得申上候」（「大慈院文書」二）など、茶壺に関する記述が見られる。

また、『佐賀県史料集成』（二三ー六四三）によれば、富士谷彦右衛門（『佐賀県史料集成』二二ー七では「彦左衛門」）が鍋島勝茂（一五八〇〜一六五七、肥前佐賀藩初代藩主）の御用を勤めていた。ところが、富士谷彦右衛門（あるいは彦左衛門）という名の者は、柳川藩の御用

を勤めた富士谷家の系図には見られない。しかし紹務(種奥)の子・紹味(高知)は一時期「彦一郎」と名乗り、また紹味の兄弟には光次(彦二郎)、吉勝(彦十郎)という名の者がいるため、親族である可能性が高いと考えられる。

猶以、去年之茶、詰迄も勝候条、当年も弥能候ハんと存事候、別而被入念候故ニ候、已上、

先日者示預、殊夏切一壺、如入日記、被入念送給、御取紛中ニ御懇志畏悦之到候、然者、当年我等壺、乍例別而被入性御詰候由、珍重ニ存候、冨士屋彦右衛門尉よりも右之段具申越候、茶色弥白ク見え候様ニ御心懸候段、一入大慶ニ存候、当暮目出度口切可申と満足申存候、何も期後音、不能審候、恐々謹言、

鍋島信濃守

勝茂(花押)

六月十五日

上林三入老

御宿所

(「上林家文書」『佐賀県史料集』一二三―六四三)

第五章　徳川秀忠・家光の御伽衆

宗茂は、元和二年（一六一六）に秀忠の御伽衆《おとぎしゅう》となる。筆者はこれが宗茂の茶の湯の二つ目のターニングポイントと考える。そこから数寄屋御成に多く参加する寛永四年（一六二七）までは少し間が空くが、ここではまず御伽衆の実態について取り上げる。

徳川秀忠像
（東京大学史料編纂所 所蔵模写）

御伽衆

御伽衆とは、戦国・江戸時代、将軍家や諸大名家に置かれた職制の一つである。御咄衆《おはなししゅう》、御談判《おだんぱん》、安西衆《あんざいしゅう》、伽衆《とぎしゅう》とも呼ばれ、特殊な経験、知識、技能をもつ者で咄《はなし》の巧みな者が昼夜主人に近侍し、自己の体験や見聞したことを披露《ひろう》したとされる。

この御伽衆については、桑田忠親氏の『大名と御伽衆』に詳しく、宗茂についても、次の通り取り上げられている。

まず以心崇伝の日記たる「本光国師日記」の元和三年正月五日の条に、次の如き記事が見える。

立花左近殿極月廿一日の返書来、御放（咄）衆相定まる、丹五郎左（丹羽長重）・佐備前（佐久間安政）・細玄（細川興元）・立左（立花宗茂）・猪内匠（猪子一時）・三因州（三好一任）・堀田若州（一継）・野伊予（能勢頼次）、以上八人、四人宛一日替之番手之由申来。唯心（日野輝資）・禅高（山名豊国）・一斎（水無瀬親具）・朽河（朽木元綱）なとは、番手と候はゝ、気つまりに候はん間、節々に出仕候へ之由、仰出之由申候。

崇伝が元和二年極月廿一日に立花宗茂に出した手紙の返事が来た。それによれば、御咄衆の制度が定められ、丹羽長重以下八名の者が、四人づゝ一日交替に詰め、日野輝資・山名豊国・朽木元綱等は老年故、随時に出仕すべきことを申渡されたのであって、即ち、御伽の職制に関する詳細な史料の初見と云ひ得よう。

（桑田忠親『大名と御伽衆』）

・宮城豊盛（旗本・6000石）	・日野輝資（公家・僧侶・1000石）
・松平康安（旗本・6000石）	・初鹿野信昌（旗本・700石）
・山名豊国（旗本・6000石）	・林 信澄（学者）
・平野長泰（旗本・5000石）	・金地院崇伝（僧侶）
・真田信尹（旗本・5000石）	・水無瀬親具（公家・僧侶）
・横田尹松（旗本・5000石）	・今大路玄朔（医師）
・坂部広勝（旗本・5000石）	・今大路玄鑑（医師）
・佐久間正勝（旗本・3000石）	・田村長有（医師）
・久世広宣（旗本・2500石）	・前波勝秀（御伽坊主）
・三好一任（旗本・2000石）	
・猪子一時（旗本・2000石）	

桑田忠親『大名と御伽衆』の記述から編集部が作成

当該記事は中野等氏の『立花宗茂』においても触れられており、他の人物と宗茂を比較し、「宗茂はこの年五十一歳であり、長重についで若い。林道春の『近代雑録』には「立花立斎　九州の事よく存じ候ゆえ」とあり、宗茂はこういう立場から「御咄衆」の列に加わったようである」と述べている。桑田氏も同じ史料を引用し、他の御伽衆の有していた特殊な技能についても紹介している。

一台徳院様御咄之衆

立花立斎　九州之事能存候ゆへ
九鬼大隅守　海手舟手之事能存候故
脇坂中書　四国之事能存候ゆへ
平野遠江守　太閤之事能存候ゆへ
佐久間備前守　北国奥州之事能存候ゆへ

徳川秀忠の御伽衆一覧

・有馬豊氏（筑後久留米藩主・21万石）	・佐久間勝之（信濃長沼藩主・1万石）
・立花宗茂（筑後柳川藩主・10万石）	・谷 衛友（丹波山家藩主・1万石）
・丹羽長重（陸奥白河藩主・10万石）	・細川興元（常陸谷田部藩主・1万石）
・堀 直寄（越後村上藩主・10万石）	・青木一重（摂津麻田藩主・1万石）
・九鬼守隆（志摩鳥羽藩主・5万石）	・蒔田広定（備中浅尾藩主・1万石）
・脇坂安治（伊予大洲藩主・5万石）	・本多正重（下総船戸藩主・1万石）
・脇坂安元（信濃飯田藩主・5万石）	・近藤秀用（遠江井伊谷藩主・1万石）
・市橋長勝（越後三条藩主・4万石）	・朽木元綱（旗本・9000石）
・佐久間安政（信濃飯山藩主・3万石）	・堀田一継（旗本・8000石）
・戸川達安（備中庭瀬藩主・2万石）	・能勢頼次（旗本・7000石）
・毛利高政（豊後佐伯藩主・2万石）	・渡辺守茂（旗本・7000石）

同大膳　　　　同断

細川玄蕃　　　上方之事能存候ゆへ

「武功雑記」巻三・「前橋旧蔵聞書」七にもこれと同様の記事が載つてをり、これによつて徳川秀忠の御伽衆の各々が如何なる特殊な資格を有つて居つたかを知ることが出来る。

（桑田忠親『大名と御伽衆』）

また宗茂は秀忠に続いて、家光の御伽衆も務めており、家光の御伽衆十二人の中で第一であったとされる。

立花飛騨守宗茂入道立斎はさる古兵にて。武名一時にかくれなし。当代御噺衆十二人の第一にて。御待遇なみ〳〵ならず。

（『徳川実紀』）

御伽衆であることは、数寄屋御成に相伴する絶対条件ではなかったが、秀忠・家光に近侍し、お気に入りとなった宗茂は、丹羽長重らとともに多くの数寄屋御成に参加していくこととなる。

数寄屋御成

将軍などの貴人が家臣などの邸宅を訪れる「御成」については、佐藤豊三氏の一連の研究に詳しい。また矢部誠一郎氏の「徳川秀忠と数寄屋御成の成立」において、「江戸時代には「数寄屋御成」と呼称されるように、御成の中に茶湯が組入られ」、それが秀忠の時に成立したこと、また次のように宗茂も相伴衆として加わっていた事を明らかにした。

右のように、数寄屋相伴衆を見ると、藤堂和泉守高虎、立花飛騨守宗茂、そして、丹羽五郎左衛門長重が非常に多く名を列ねている。中でも高虎は江戸城本丸、西の丸での秀忠、家光の茶会にも御三家の人々と共に相伴を許されることが極めて多い。高虎は言うまでもなく、外様大名である。にもかかわらず、こうした城内での将軍、大御所の私的な茶会、あるいは公的行事としての御成の茶会において、抜群の優遇を受けていたのである。同様に立花宗茂、丹羽長重も外様大名であった。これら三人の大名達は将軍の近臣として、その地位を維持していたが、これはやはり、彼等が幕府にとって不可欠なブレーンであったためであろう。

（矢部誠一郎「徳川秀忠と数寄屋御成の成立」）

佐藤氏は「元和九年二月十三日に行なわれた尾張邸への御成こそ、それ以後の徳川将軍家御成規式の規範となった」（「将軍家「御成」について（七）」）と述べている。そのため、ここでは元和九年（一六二三）二月十三日から秀忠が没する寛永九年（一六三二）一月二十四日まで間の御成について、宗茂の参会を中心に分析を行いたい。なお、秀忠没後もその数は減少するものの家光による数寄屋御成は継続されるが、秀忠存命中も家光は御成に茶事ではなく水泳を組み込むなど、秀忠と家光の間には嗜好《しこう》の違いが見られる。佐藤氏の「秀忠の薨去《こうきょ》後には、尾張邸御成に代表される盛大な形式による御成は、次第に行なわれなくなり、将軍個人の趣味嗜好や寵臣偏重の傾きを強めた御成へと、その性格や規式も変遷して行く」（「将軍家「御成」について」七）という見解を踏まえ、時期を限定した分析となることをご容赦願いたい。

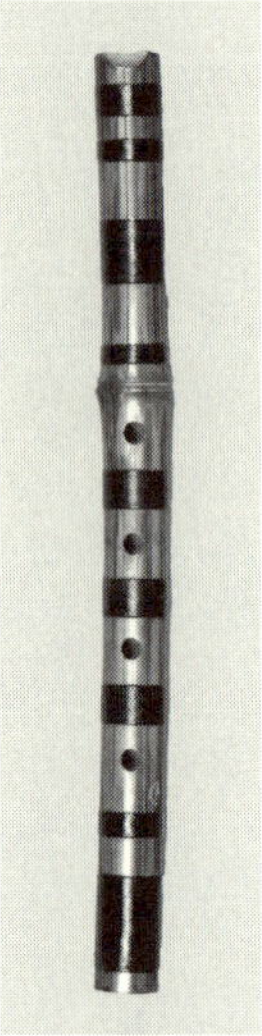

立花宗茂所用一節切
（原是斎作、〈公財〉立花家史料館蔵）

さて、当該期の御成はおよそ百回程度が行われており、その中で茶事が確認出来るのが八十三回である。宗茂はそのうち四十七回に参加しているが、これは水戸頼房《よりふさ》（一六〇三～一六六一）の六十二回、藤堂高虎《とうどうたかとら》（一五五六～一六三〇）の五十九回に次いで三番目に多い。このほかは駿河忠長《するがただなが》（一六〇六～一六三三）の四十一回、丹羽長重の二十八回、尾張義直《おわりよしなお》（一六〇〇～一六五〇）二十回、紀伊《きい》頼宣《よりのぶ》（一六〇二～一六七一）十八回と続く。データは『徳川実紀』をベースとしたが、「二三代将軍御会記」など別の史料からも判明する分は補足した。ただし、寛永五年（一六二八）正月十八日の条では、『徳川実紀』では相伴が紀伊頼宣・駿河忠長・水戸頼房・藤堂高虎・永井尚政の五名であるのに対し、「二三代将軍御会記」では尾張義直・駿河忠長・水戸頼房・藤堂高虎・永井尚政の五名と、異なっている。この場合は『徳川実紀』を正としたが、実際の参加者の数字については前後する可能性がある。

おもな参加者について解説しておくと、尾張（徳川）義直は家康の九男で初代尾張藩主、紀伊（徳川）頼宣は家康の十男で初代紀州藩主、水戸（徳川）頼房は家康の十一男で初代水戸藩主である。また駿河（徳川）忠長は秀忠の三男で駿府五十五万石を領したが、寛永八年（一八三一）五月に乱行を理由に甲斐国《かいのくに》に蟄居《ちっきょ》を命ぜられ、翌年に上野国《こうずけのくに》高崎に幽閉、寛永十年（一八三三）十二月に自刃する。藤堂高虎は安土桃山・江戸時代初期の大名で、初め浅井氏に仕えていたが後に織田家・豊臣家に仕えて活躍、関ヶ原合戦では東軍に属して伊予国二十万石を封ぜられ、さらに加増されて津藩三十二万四千石の初代となった。丹羽《にわ》長重《ながしげ》（一五七一～一六三七）は織田信長の重臣であった丹羽長秀《ながひで》（一五三五～一五八五）の長男で、天正十三年（一五八五）に父の遺領を継ぐが秀吉から減封され、関ヶ原合戦では西軍に与して改易。その後、常陸国古渡《ふっと》一万石を与えられて大名に復帰、元和八年（一六二二）には宗茂の後に陸奥国棚倉に入り、寛永四年（一六二七）に同国白河藩十万石を領する。

立花家伝来 能面「天神」
（角ノ坊光増作、〈公財〉立花家史料館蔵）

さて、宗茂のデビューは寛永四年三月九日の駿河

数寄屋御成の出席者（『徳川実紀』などより）

No.	和暦	西暦	日付	将軍名	場所	出席者							
						立花宗茂	水戸頼房	藤堂高虎	駿河忠長	丹羽長重	尾張義直	紀伊頼宣	その他
1	元和9年	1623	2月13日	秀忠	尾張義直邸		○	○			○		酒井忠世
2			2月18日	家光	尾張義直邸		○	○	○		○		
3			12月21日	秀忠	伊達政宗邸		○						伊達政宗
4	寛永元年	1624	1月23日	秀忠	紀伊頼宣邸							○	
5			1月27日	家光	紀伊頼宣邸							○	
6			2月6日	秀忠	水戸頼房邸		○			○		○	
7			2月10日	家光	水戸頼房邸		○		○	○			朽木元綱
8			2月20日	家光	伊達政宗邸				○	○			伊達政宗、朽木元綱
9			4月5日	家光	蒲生忠郷邸		○	○					蒲生忠郷
10			4月14日	秀忠	蒲生忠郷邸		○	○					蒲生忠郷
11			12月4日	秀忠	本丸（家光）		○	○	○				
12	寛永2年	1625	2月5日	秀忠	駿河忠長邸		○		○		○		
13			2月12日	家光	駿河忠長邸		○		○		○		
14			2月26日	家光	尾張義直邸		○		○	○	○		
15			3月8日	秀忠	尾張義直邸		○	○		○	○		
16			5月28日	秀忠	藤堂高虎邸		○	○	○				
17			6月28日	家光	藤堂高虎邸		○	○	○	○			

18			8月9日	秀忠	本丸（家光）		○	○	○				酒井忠世
19	寛永4年	1627	2月27日	秀忠	本丸（家光）		○	○	○				
20			3月2日	秀忠	駿河忠長邸		○	○	○	○			本多忠政
21			3月9日	家光	駿河忠長邸	○	○	○	○		○		土井利勝
22			5月3日	秀忠	尾張義直邸	○	○	○			○		
23			5月14日	秀忠	水戸頼房邸	○	○	○			○		
24			6月21日	家光	尾張義直邸	○	○	○	○		○		
25			6月28日	家光	水戸頼房邸	○	○	○	○		○		
26			9月10日	秀忠	本丸（家光）	○		○	○				
27			10月12日	秀忠	駿河忠長邸	○		○	○				
28			10月22日	家光	駿河忠長邸	○		○	○				酒井忠世
29			10月29日	秀忠	藤堂高虎邸	○		○					
30			11月3日	家光	藤堂高虎邸	○		○	○				
31	寛永5年	1628	1月18日	家光	西丸（秀忠）		○	○	○			○	永井尚政
32			2月13日	秀忠	本丸（家光）		○	○	○			○	
33			3月4日	秀忠	紀伊頼宣邸	○	○	○				○	
34			3月12日	秀忠	伊達政宗邸	○		○		○			伊達政宗
35			3月14日	家光	紀伊頼宣邸			○	○	○		○	
36			3月18日	秀忠	駿河忠長邸		○	○	○	○		○	
37			3月26日	家光	伊達政宗邸	○		○		○			伊達政宗
38			4月3日	秀忠	水戸頼房邸	○	○	○		○		○	
39			4月6日	家光	駿河忠長邸	○	○	○	○	○		○	
40			4月9日	家光	水戸頼房邸	○	○	○	○			○	
41			6月11日	秀忠	尾張義直邸		○	○		○	○	○	

42			8月9日	家光	尾張義直邸	○	○	○			○		
43			9月14日	家光	西丸（秀忠）		○	○			○		永井尚政
44			9月26日	秀忠	本丸（家光）	○	○	○			○		
45	寛永6年	1629	1月28日	秀忠	本丸（家光）	○	○	○	○				
46			2月13日	秀忠	駿河忠長邸	○	○	○	○				
47			3月17日	秀忠	寛永寺		○		○				土井利勝、永井尚政、天海、金地院崇伝、中野笑雲
48			4月10日	秀忠	本丸（家光）	○	○	○	○				
49			4月26日	家光	前田利常別邸								前田利常
50			4月29日	秀忠	前田利常別邸	○	○	○					前田利常
51			5月23日	家光	駿河忠長邸	○	○	○	○				
52			6月1日	秀忠	駿河忠長邸	○	○	○	○				
53			6月17日	家光	寛永寺		○	○	○				天海、金地院崇伝、中野笑雲、河島善貞
54			7月28日	家光	西丸（秀忠）		○	○	○				
55			8月10日	家光	水戸頼房邸	○	○	○	○				
56			8月15日	秀忠	水戸頼房邸	○	○	○	○				本多忠政
57			8月28日	家光	土井利勝邸	○		○	○				土井利勝
58			9月2日	秀忠	土井利勝邸	○	○	○					土井利勝
59			9月21日	秀忠	本丸（家光）	○	○	○	○				
60			10月15日	家光	金地院	○	○	○					金地院崇伝
61			10月17日	秀忠	金地院	○	○	○					金地院崇伝
62			10月20日	家光	西丸（秀忠）		○	○					
63			12月26日	秀忠	堀直寄邸	○		○		○			堀直寄

					出席率 57% 「御成」への出席回数（全83回中）47	75% 62	71% 59	49% 41	34% 28	24% 20	22% 18	
64	寛永7年 1630	1月22日	秀忠	本丸（家光）		○	○	○	○		○	
65		1月26日	家光	酒井忠世邸	○	○	○	○	○			酒井忠世
66		1月29日	秀忠	酒井忠世邸	○	○	○		○		○	酒井忠世
67		2月13日	家光	堀直寄邸	○		○		○			堀直寄、金地院崇伝
68		2月20日	秀忠	紀伊頼宣邸		○	○		○		○	
69		2月23日	家光	紀伊頼宣邸	○	○	○		○		○	
70		4月6日	家光	伊達政宗邸	○				○			伊達政宗
71		4月9日	家光	西丸（秀忠）	○	○			○		○	永井尚政
72		4月11日	秀忠	伊達政宗邸	○		○		○			伊達政宗、毛利秀元
73		4月18日	家光	島津家久邸					○			島津家久、加藤嘉明
74		4月21日	秀忠	島津家久邸					○			島津家久、加藤嘉明
75		5月4日	秀忠	二丸（家光）	○	○					○	加藤嘉明
76		6月17日	秀忠	増上寺	○	○			○			加藤嘉明、山本道句、了的
77		9月21日	秀忠	本丸（家光）								
78		10月3日	家光	西丸（秀忠）	○				○			加藤嘉明
79	寛永8年 1631	1月20日	家光	西丸（秀忠）	○	○		○		○		
80		1月28日	秀忠	本丸（家光）	○	○		○		○		
81		2月29日	秀忠	尾張義直邸	○	○				○		
82		5月9日	家光	尾張義直邸	○	○				○		土井利勝
83		6月3日	秀忠	本丸（家光）	○	○				○		金地院崇伝

忠長邸の将軍家光の御成であった。この頃の御成は大御所の秀忠と将軍家光が同じ場所を前後して訪問する形式を取っていて、三月二日には秀忠が御成しているが、この時の記事には宗茂の名は見られない。秀忠に取り立てられ寵愛を受けた宗茂であるが、家光の覚えもめでたく、家光の御成で初参加となった。

○九日駿河大納言忠長卿の邸に臨駕し給ふ。尾張大納言義直卿。水戸中納言頼房卿および立花飛騨守宗茂御先にまかりむかへ奉る。忠長卿はつとめて御むかひとして。本城にまうのぼられ。しりぞひて道にむかへらる。ならせ給ひて尾張水戸の両卿露路にて拝謁し。数寄屋にいらせらる。御草履は飛騨守宗茂これをとる。御中立には大納言。御入のときは中納言役せらる。御花御炭は御みづからの御所作にて。御茶は忠長卿にたまはり。大中納言並に宗茂給はりおさめ。茶具御覧はて丶寝殿にて菓子薄茶進り。両卿ならびに藤堂和泉守高虎。土井大炊頭利勝をめしてしばし御物語あり。長袴めし書院にわたらせたまひ。能五番はて丶御膳進り。御盃を義直卿。次に忠長卿。次に頼房卿。つぎに高虎。宗茂給はりおさめ。還御の後忠長卿并に御相伴の輩まうのぼり。謝し奉る事例のごとし。

（『徳川実紀』）

このように宗茂は、尾張義直と水戸頼房とともに迎え出て、草履《ぞうり》をとる役目を果たしている。熊倉功夫氏は「徳川秀忠の茶の湯」の中で、「草履をなおす役目柄は数寄屋御成の場合、主従の親しみを確認する上で重要なことであったらしく、将軍、大御所などの茶会ではしばしば記録に残されている」と指摘している。

なお、当日の会記は残されていないが、三月二日の秀忠の御成の会記は次の通りで、九日も同様であったと考えられる。

寛永四丁卯年三月二日　駿河大納言忠長卿へ
台徳院様渡御　御相伴　水戸頼房卿　藤堂高虎　丹羽長重
一掛物　観音　牧渓筆　一釜　大講堂　一水指　信楽
一茶入　芝肩衝　一茶碗　高麗　一花入　礁
公御花被遊後御茶上候

（「三代将軍御会記」）

家光の御成

前述の通り、秀忠没後の家光の御成では、数寄屋御成が全くなくなったわけではない。しかし寛永九年は秀忠の薨去に加え、駿河忠長の幽閉などが重なり、翌寛永十年（一六三三）六月二十二日までのおよそ二年間は、御成自体が行われなかった。

徳川家光像（堺市博物館蔵）

久々の寛永十年六月二十二日の御成は、西の丸で酒井忠世を亭主として行われたもので、宗茂は参加しているが、茶事は確認されない。佐藤氏によると、寛永九年正月から家光が没する慶安四年（一六五一）四月までに、家光が他家を訪問したのは二百七十八回に上るが、秀忠在世時と同様に盛大な数寄屋御成が行われたのは、わずか六例に過ぎないという。このうち、宗茂の相伴が確認されるのは、寛永十三年（一六三六）九月二十一日の尾張義直邸、同年十一月十

徳川家光の御伽衆一覧

・蜂須賀家政（前阿波徳島藩主・25万石）	・堀 直之（旗本・9500石）
・立花宗茂（前筑後柳川藩主・10万石）	・杉浦正友（旗本・6000石）
・安藤重長（上野高崎藩主・5万石）	・小幡信之（旗本・1000石）
・毛利秀元（長門長府藩主・6万石）	・内田正世（旗本・500石）
・高力忠房（肥前島原藩主・6万石）	・大橋重保（旗本・500石）
・松平正綱（相模玉縄藩主・2万石）	・大河原正良（旗本 300石）
・柳生宗矩（大和柳生藩主・1万石）	・山川貞久（旗本・250石）
・牧野信成（下総関宿藩主・1万石）	・林 羅山（儒学者）
・松平重則（下野皆川藩主・1万石）	・今大路親昌（医師）
・秋元泰朝（甲斐谷村藩主・1万石）	・岡 孝賀（医師）
・伊丹康勝（甲斐徳美藩主・1万石）	・半井成近（医師）
・山口重政（常陸牛久藩主・1万石）	・田村長有（医師）
・板倉重昌（三河深溝藩主・1万石）	・増上寺以伝（僧侶）
・加賀爪忠澄（旗本・9500石）	・吉田松庵（学者か）

桑田忠親『大名と御伽衆』の記述から編集部が作成

二日の水戸頼房邸、寛永十五年（一六三八）十一月六日の堀田正盛邸の三回のみである。

さらに家光の御成の特徴としては、「鷹狩りとか水泳の稽古に外出する途中に立寄る形で行なわれたり、あるいは午後以降に訪れる場合も多く、時間も短縮され」（「将軍家「御成」について（七）」）たものとなる。

そうした中、寛永十五年（一六三八）と寛永十六年（一六三九）に、家光による宗茂邸御成が行われる。『徳川実紀』の記事は次の通りである。

（寛永十五年九月五日）

五日立花飛騨守宗茂が別墅にならせ給

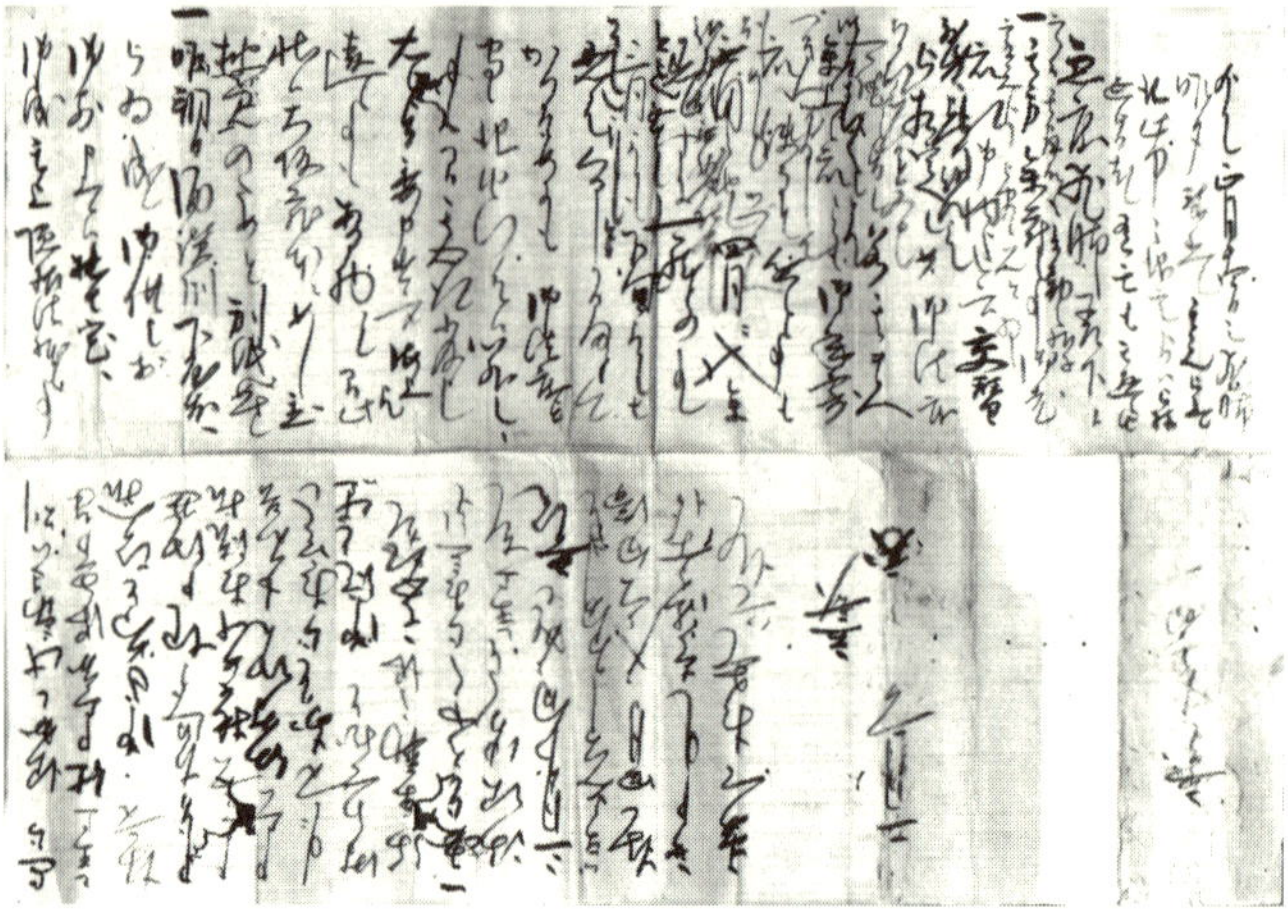

立花立斎（宗茂）**書状**
（重要文化財、寛永16年2月2日付、〈公財〉立花家史料館蔵、柳川古文書館寄託）

ひ。宗茂茶を献じ。粟田口則国の御腰差并小袖五たまひ。宗茂よりも則重の刀を献じ。また園中にて銃もて鴈二。鷹もて雁一とらせ給ひ。すぐに其鴈を調理し宗茂御膳を奉る。

（『徳川実紀』）

（寛永十六年七月十八日）

けふ立花宗茂入道立斎別業にならせらる。

（『徳川実紀』）

寛永十五年九月五日の御成については、「富士谷文書」では少し詳しく記されており、寛永十五年九月二十五日の書状において次のように記されている。

如案五日ニ被為　成候、御鉄砲之雁三被下、是を料理仕候へと被　仰出、又池ニあミ御うたせ被成候へハ、鯉二入申候、則一ツハ　御料理ニ被　仰付、一ツハ池ニ御はなちニ被成候、亭主も罷出、御相伴と御座候間、酒讃州我等計　御相伴申候、御機嫌中々残所無之、粟田口則国之御脇指被成御指候て御座候を拝領候、御座之間ニて花を被遊、其外茶やをも　御まハり被成、江西軒ニても御花被遊、いかにもゆる〳〵と被成　御座、夜ニ入還　御候、

（「富士谷文書」一四六）

ここでは宗茂が茶を献じたようだが、秀忠時代の数寄屋御成とは性質が大きく異なっている。また細川家史料ではさらに細かく、宗茂邸御成が鷹狩《たかがり》の帰りがけであったこと、鴈《がん》三つのうち、一つは宗茂が料理に使い、一つは献上し、もう一つは立花忠茂が拝領したと、細川忠利から忠茂に宛てた書状から読み取れる。

上様弥御気嫌能候、当月六日（五日カ）御鷹野ニ被為成、御帰がけニ立花飛騨下屋敷へ御成、終日御機嫌能

（「細川家史料」二十三—四六七六）

今月五日飛騨殿下屋敷被為成、終日御気嫌能被成御座、殊粟田口則国之御わき指、飛騨殿御拝領、又、飛騨殿御屋敷近所にて御鉄砲にて鴈三ツ被遊、一ツハ飛騨殿ニ而御料理被仰付、一ツハ御城へ上り、一ツハ貴様御拝領之由、扨々、飛騨殿御仕合と申、貴様御仕合、御満足之程、令察候

（「細川家史料」二十四—四九〇四）

御成以外の茶会

『徳川実紀』や「二代三代将軍御会記」、「公方様御茶会記」には、秀忠・家光による数寄屋御成以外の茶会も記録されている。数寄屋御成に比べて回数は少ないが、参会者は数寄屋御成に相伴した顔ぶれとは異なっている。

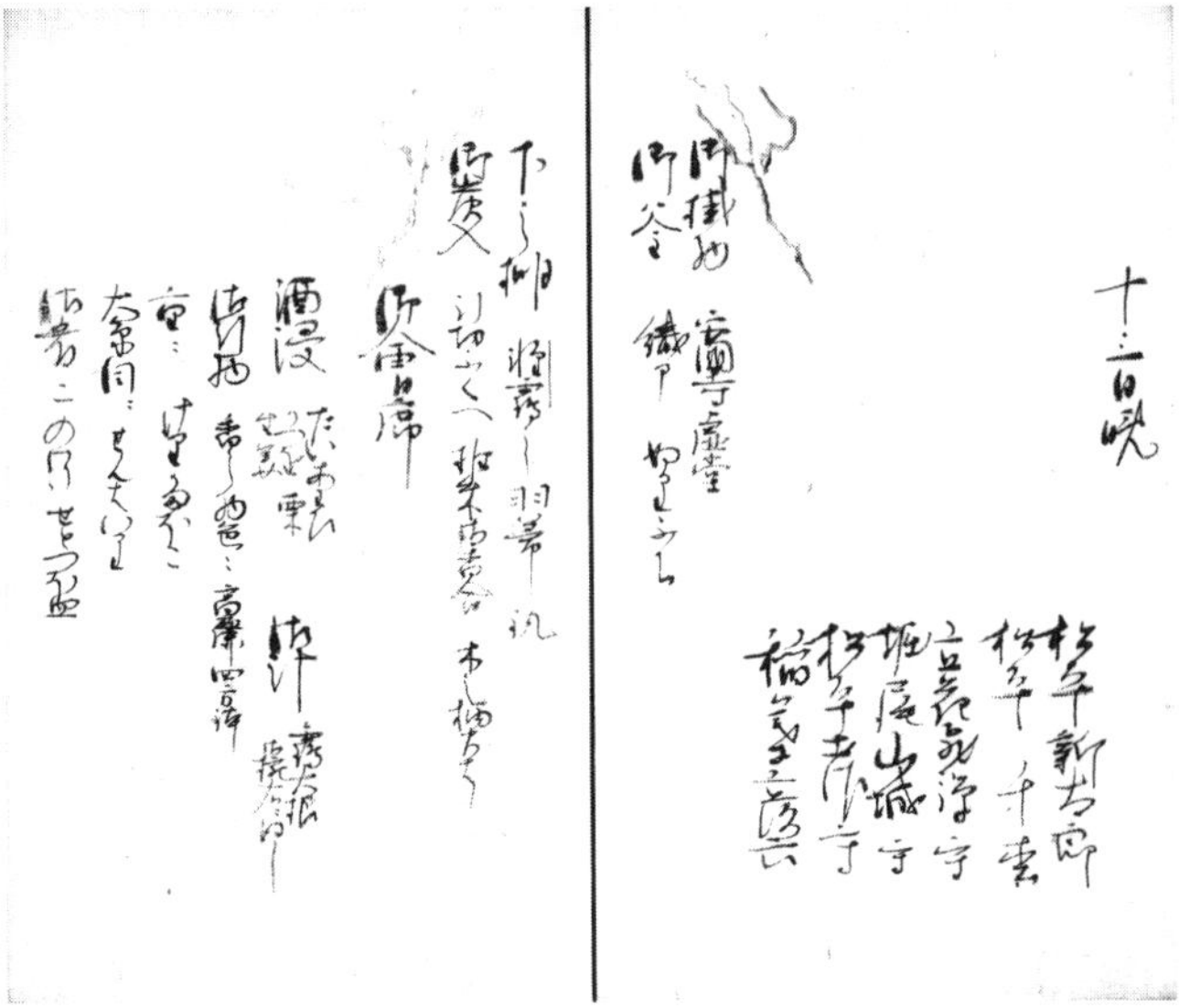

「**公方様御茶会記**」（小堀宗中写、慶應義塾図書館蔵）

例えば、寛永五年（一六二八）八月十六日朝には、毛利秀就・蒲生忠知・池田光政・上杉定勝・有馬豊氏、同日夕方には宗義成・黒田忠之・山内忠義・寺沢広高といったように、数寄屋御成が御三家の相伴が多かったのに対し、数寄屋御成以外の茶会は外様大名が多い傾向が見られる。

宗茂の茶会への参加が増えた寛永四年（一六二七）から晩年までの秀忠・家光の茶会（数寄屋御成を除く）を抽出すると、合計五十七会が確認され、そのうち十四回に宗茂も参加している。

数寄屋御成以外の秀忠・家光の茶会（一六二七～一六三九年）

No.	和暦	西暦	日付	将軍名	場所	※1	他の参会者	※2	※3
1	寛永4年	1627	6月25日	家光	西丸		尾張義直、水戸頼房、藤堂高虎	○	○
2			6月27日	秀忠	藤堂高虎邸	○			○
3			7月9日	家光	西丸		尾張義直、水戸頼房、藤堂高虎	○	
4			9月13日	秀忠	西丸		前田利常、池田忠雄、京極忠高、藤堂高虎	○	○
5			9月14日朝	秀忠	西丸	○	細川忠興、細川忠利、伊達忠宗	○	○
6			9月14日夕	秀忠	西丸		毛利秀就、池田光政、浅野長晟、加藤忠広、有馬豊氏	○	
7			9月15日夕	秀忠	西丸		蜂須賀忠英、山内忠義、黒田忠之、堀尾忠晴	○	○
8			9月16日朝	秀忠	西丸		鍋島勝茂、佐竹義隆、藤堂高次、伊達秀宗	○	○
9	寛永5年	1628	1月19日朝	秀忠	西丸	○	伊達政宗、島津家久、毛利秀就、上杉定勝	○	○
10			1月19日夕	秀忠	西丸		池田光政、毛利秀元、佐竹義隆、山内忠義、有馬豊氏	○	○
11			1月20日夕	秀忠	西丸		宗義成、黒田忠之、藤堂高次、森忠広、生駒高俊、寺沢広高	○	○
12			3月22日朝	秀忠	西丸		蜂須賀家政、丹羽長重、加藤嘉明、加藤明成	○	○
13			3月22日午後	秀忠	西丸		松平忠昌、松平直政、松平直基、松平直良、延寿院	○	○
14			8月14日	秀忠	西丸	○	伊達政宗、島津家久、松平忠昌	○	
15			8月16日朝	秀忠	西丸		毛利秀就、蒲生忠知、池田光政、上杉定勝、有馬豊氏	○	
16			8月16日夕	秀忠	西丸		宗義成、黒田忠之、山内忠義、寺沢広高	○	

17			10月6日	秀忠	西丸		光瑛(東本願寺)、織田信雄、朽木元網	○	
18	寛永6年	1629	2月20日	秀忠	西丸	○	駿河忠長、水戸頼房、藤堂高虎	○	
19			4月8日	秀忠	西丸	○	前田利常、朽木元網	○	○
20			4月9日	秀忠	西丸		松平直政、鍋島勝茂、森忠広、池田輝澄、京極高広	○	
21			4月10日	家光	西丸	○	徳川秀忠、駿河忠長、水戸頼房、藤堂高虎	○	○
22			10月22日朝	秀忠	西丸		前田利常、池田忠雄、伊達忠宗、森忠政、細川忠利	○	
23			10月22日昼	秀忠	西丸		京極忠高、池田光政、浅野長晟、加藤忠広、佐竹義隆	○	
24			10月22日	秀忠	西丸		徳川家光、紀伊頼宣、水戸頼房	○	○
25			10月23日朝	秀忠	西丸		蒲生忠知、毛利秀元、黒田忠之、山内忠義、堀尾忠晴	○	
26			10月23日昼	秀忠	西丸	○	鍋島勝茂、有馬豊氏、京極高広	○	
27			10月23日夕	秀忠	西丸		池田輝澄、伊達秀宗、藤堂高次、生駒高俊、加藤明成、寺沢広高	○	
28	寛永7年	1630	4月14日朝	秀忠	西丸		伊達政宗、島津家久、佐竹義宣、上杉定勝	○	○
29			4月14日夕	秀忠	西丸		松平忠昌、松平直政、松平直基、松平直良、寺沢広高	○	○
30			4月15日朝	秀忠	西丸		細川忠興、毛利秀元、佐竹義隆、加藤嘉明、黒田忠之、鍋島勝茂、生駒高俊、藤堂高次、南部利直	○	○
31			4月15日夕	秀忠	西丸		酒井忠世、土井利勝、酒井忠勝、安藤直次、延寿院	○	○

32	寛永8年	1631	2月3日朝	家光	（不明）		島津家久、池田忠雄、森忠政、毛利秀就、細川忠利、伊達忠宗	○	
33			2月3日夕	家光	（不明）		池田光政、毛利秀元、浅野長晟、加藤忠広、鍋島勝茂、佐竹義隆	○	
34			2月4日朝	家光	（不明）		森忠政、京極高広、蜂須賀忠英、山内忠義、堀尾忠晴、寺沢広高	○	
35			2月4日夕	家光	（不明）		蒲生忠知、池田輝澄、宗義成、伊達秀宗、生駒高俊、藤堂高次、加藤明成	○	
36	寛永11年	1634	3月9日朝	家光	（不明）		前田利常、島津家久、森忠政、毛利秀就、細川忠利、伊達忠宗	○	
37			3月9日夕	家光	（不明）	○	松平忠昌、池田光政、浅野光晟、鍋島勝茂、佐竹義隆	○	
38			3月10日朝	家光	（不明）		京極忠高、京極高広、蜂須賀忠英、山内忠義、黒田忠之、有馬豊氏	○	
39			3月10日昼	家光	（不明）		松平直政、宗義成、伊達秀宗、生駒高俊、松平直基、池田輝興、松平直良	○	
40			3月10日夜	家光	（不明）		松平定行、保科正之、松平忠次、奥平忠昌、内藤政長、小笠原長次、石川忠綱、戸田氏鉄	○	
41			4月2日朝	家光	（不明）	○	伊達政宗	○	
42			4月2日夕	家光	（不明）		丹羽長重、加藤明成	○	
43	寛永12年	1635	1月11日朝	家光	（不明）	○	尾張義直、紀伊頼宣、水戸頼房	○	
44			1月11日夕	家光	（不明）		伊達政宗、毛利秀元	○	
45			1月12日朝	家光	（不明）		上杉定勝、佐竹義隆、黒田忠之、加藤明成、南部重直	○	

46			1月12日夕	家光	(不明)		松平光長、松平光高、松平直政、井伊直孝、松平忠明	○	
47			1月12日夜	家光	(不明)		土井利勝、酒井忠勝、板倉重宗	○	
48	寛永15年	1638	9月7日	家光	二丸		細川忠興	○	
49			11月28日	家光	二丸	○	紀伊頼宣、水戸頼房、井伊直孝、佐久間実勝、堀田正盛	○	
50			12月7日	家光	二丸		伊達忠宗、島津光久、佐竹義隆、宗義成、池田輝興、山内忠義、酒井忠勝	○	
51	寛永16年	1639	7月10日	家光	二丸	○	堀田正盛、板倉重宗	○	
52			11月11日朝	家光	(不明)		尾張義直、水戸頼房、毛利秀元	○	
53			11月11日昼	家光	(不明)		松平光長、松平光高、池田光政、浅野光晟、有馬豊氏	○	
54			11月12日朝	家光	(不明)		毛利秀就、鍋島勝茂、山内忠義、黒田忠之、伊達秀宗	○	
55			11月12日昼	家光	(不明)		細川忠利、蜂須賀忠英、宗義成、森長継、生駒高俊、立花忠茂	○	
56			11月14日朝	家光	(不明)		前田利常	○	
57			11月14日昼	家光	(不明)	○	細川忠興	○	

※1 立花宗茂参加の有無　※2 出典『徳川実紀』　※3 出典「二代三代将軍御会記」

なお、『公方様御茶会記』とは、近年発表された（『茶書研究』第二号）新資料で、元和九年（一六二三）一月十一日から十四日までの朝晩、家光が茶会を開いたことが記録されている。

同書中、これらの会は家光の会とされているが、元和九年とは秀忠が家光に征夷大将軍位を譲った年であり、一月の時点ではまだ秀忠が将軍の地位にあった。したがって、次期将軍たる家光の会という体裁をとってはいるものの、実質的には秀忠がそれを後見して采配をふるったものと推測される。

参考までに、各会の参会者の名前を列挙する。

十一日　徳川義直・細川忠興・徳川頼房・京極忠高・藤堂高虎
十二日朝　島津家久・松平忠昌・池田忠雄・森忠政・黒田忠之・加藤嘉明
十二日晩　毛利秀就・細川忠利・伊達忠宗・上杉定勝・毛利秀元・有馬豊氏
十三日朝　浅野長晟・加藤忠広・宗義成・黒田忠之・鍋島勝茂・寺沢広高
十三日晩　池田幸隆・蜂須賀忠英・立花宗茂・堀尾忠晴・山内忠義・稲葉典通
十四日朝　森忠政・伊達秀宗・京極忠広・藤堂高次・有馬忠頼・鍋島元茂・丹羽長重

御成の着物

宗茂が御成の際に着用する衣類は、京都商人の富士谷から調達していた。次の史料は尾張義直と紀伊頼宣の着物と色が重ならないように宗茂が気を付けて、富士谷に対し紫色と薄浅葱《うすあさぎ》（水色の薄いもの）は避けるようにと指示を出している。

うすあさきハ無用候、尾張様・紀伊国様なとめし候、むらさきうすあさきのけ候てハ
何色ニても不苦候

（「富士谷文書」九七）

このほかには、御成・御茶会・御能の際の衣類について、おりすち（織筋、横筋を太く織り出した絹織物）や、あまり伊達《だて》に見えないようになど、細かい注文をつけており、興味深い内容も見られる。

尚々、両
上様方々　御成、御茶会之折節も、今ほとハ服も無候て、切々罷出候間、自然之時着候きる物、又御能ニハおりすち不断き候ハぬ小袖切々入申候間、あまりたてに見へ候ハぬ様ニと存候、大かた主税ニ申付、注文のほせ申候、其もとニても見合くたし可給候、

（「富士谷文書」五三）

以上

茶室図

さて、柳川古文書館には「秀忠公宗茂公御代西御露地江御成之節御茶室図」という御成時の茶室の絵図が残されている。包紙には次の通り、天保十三年（一八四二）に高畠道伴家に伝わったものを写したと記されている。

秀忠公　宗茂公御代西御露地江
御成之節御茶室図
但高畠道伴家ニ持伝候由ニ而天保十三寅年
四月八日同人持来仍写之
附此図面脇々江茂有之様ニ道伴咄候事

図面は三図あり、右上は五畳半、右下は四畳半、左上が六畳半となっている。

この高畠道伴については、「文政武鑑」の御数寄屋御坊主衆の項目に名を連ねているため、幕府の御数寄屋坊主であったことが分かる。また『茶人系譜（新編）』によると、次の通り、石州流茶道の開祖である片桐石州から、怡渓宗悦《いけいそうえつ》（一六四四〜一七一四、大徳寺二五三世、石州流怡渓派の開祖）の系譜に繋がる人物であることがわかる。

片桐石州――怡渓宗悦――朽木《くつき》則綱――近藤善蔵――直村閑右衛門――鈴木春波――
――高畠道伴

また、さまざまな大名の茶室図を集録した「古今囲之図　全」の中に、六畳半の茶室と酷似したものを発見した。炉の位置が若干異なるが、百八十度回転させるとほぼ一致する。この茶室の所在は不明であるが、立花家の茶室として当時認識されていたのであろう。

以上、宗茂が元和二年に秀忠の御伽衆となり、寛永四年以降の秀忠在世時には多くの数寄屋御成に相伴し、家光の時代になっても御伽衆を継続し、多くの茶の湯に携わってきた実態を明らかにした。秀忠の寵愛を受けた宗茂であったが、御伽衆となったきっかけは、武勇に優れ、九州の事をよく知っていたためで、茶の湯に秀でていたわけではない。寛永四年以降の数寄屋御成の相伴回数増加については、次章の細川忠興（三斎）の影響があったと考えられる。

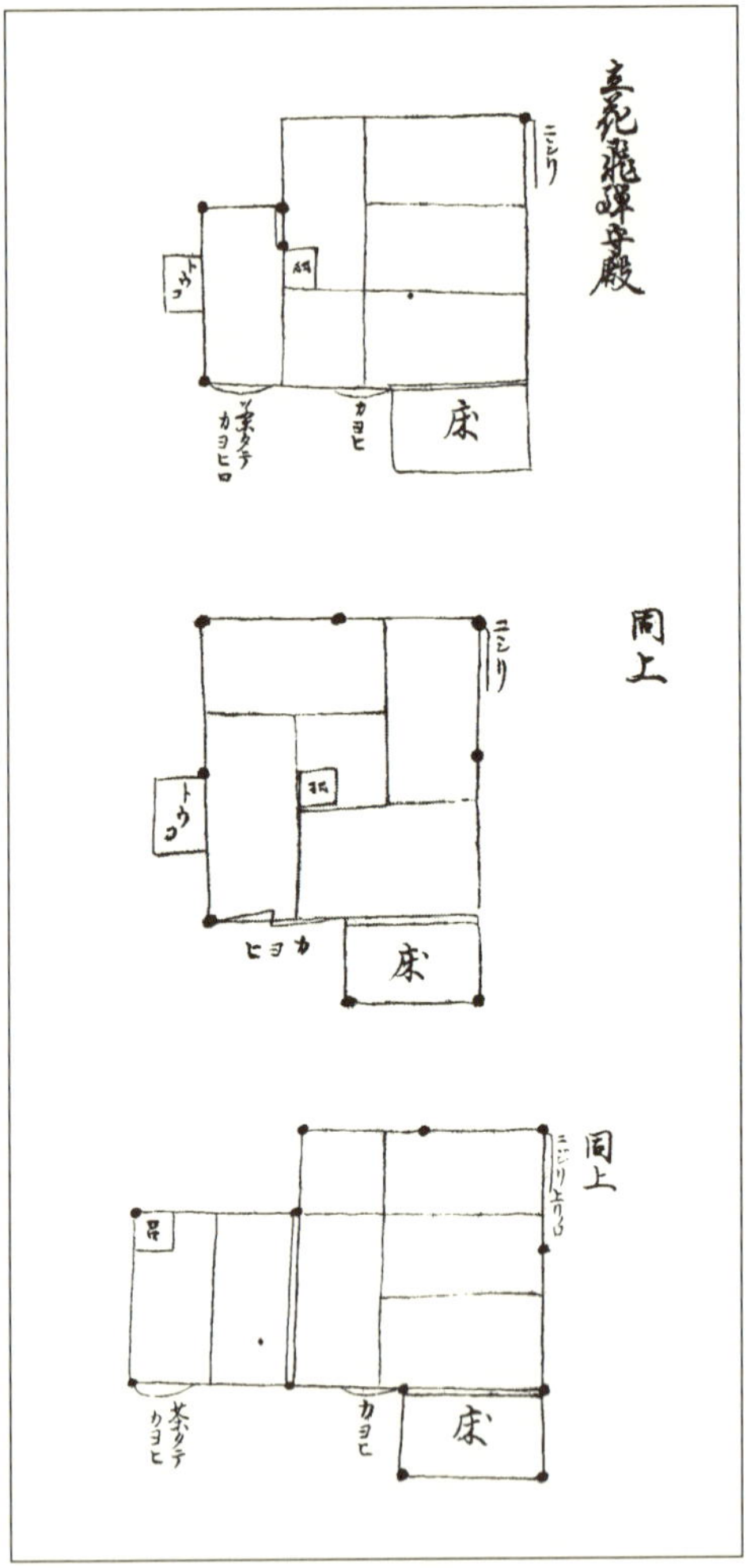

「秀忠公宗茂公御代西御露地江御成之節 御茶室図」（〈公財〉立花家史料館 蔵、柳川古文書館 提供）

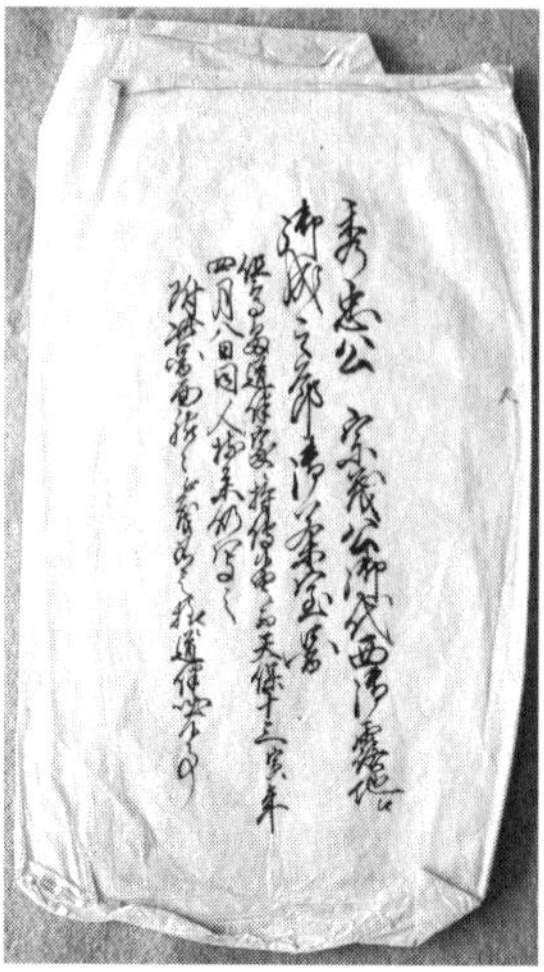

前頁包紙

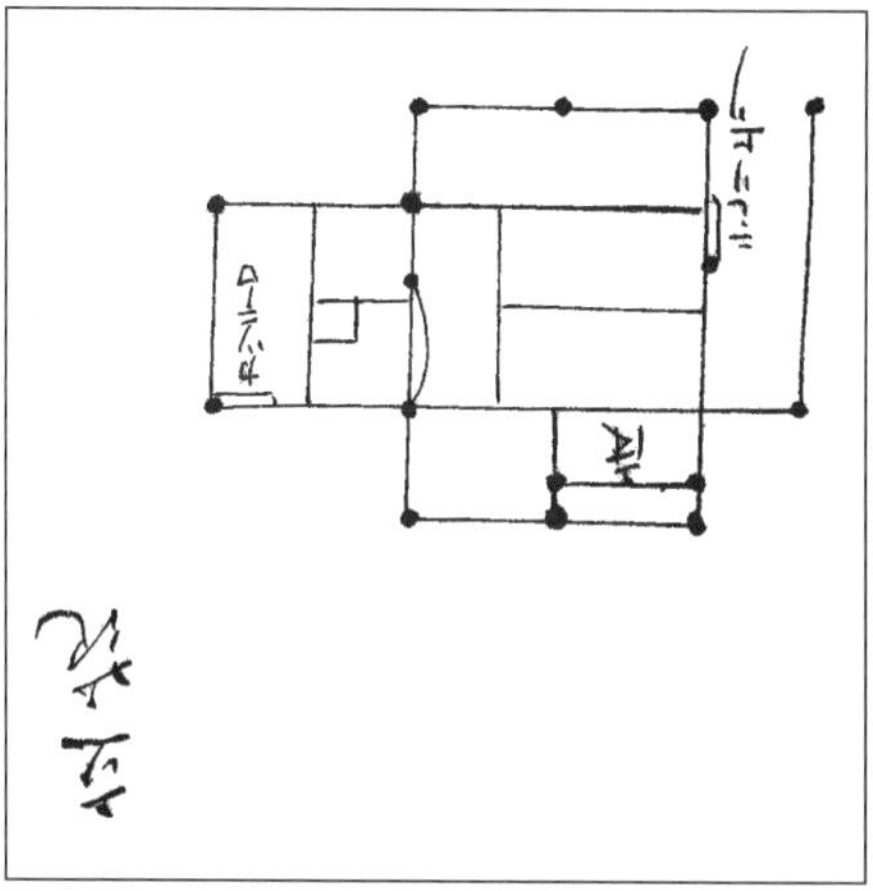

「立花」とある茶室図〔前頁挿図下段と類似〕
（『古今囲之図 全』宮帯文庫蔵より、180°回転）

第六章　細川忠興との親交

細川忠興《ほそかわただおき》（三斎《さんさい》）は安土桃山時代・江戸時代初期の武将で、細川藤孝《ふじたか》（幽斎《ゆうさい》）の子として永禄六年（一五六三）京都に生まれる。本能寺の変で妻ガラシャの父である明智光秀に誘われたが応じず、秀吉に従う。関ヶ原合戦では東軍に属して軍功をあげ、豊前国小倉《ぶぜんのくにこくら》（福岡県北九州市）に移封。元和六年（一六二〇）に家督を忠利《ただとし》に譲り、三斎宗立と号して中津城（大分県中津市）に移る。また、忠利が寛永九年（一六三二）に肥後国《ひごのくに》熊本へ転封されたことにより八代城《やつしろじょう》（熊本県八代市）に入り、同地で正保二年（一六四五）に没する。

細川忠興像（古田織部美術館蔵）

茶人としては千利休に師事し、利休七哲の一人に数えられる。利休が蟄居を命じられ、京都から堺に追放される際に、古田織部とともに淀の舟本で見送った話は有名である。忠興の茶の湯については多くの研究があるため、これ以上の言及は避けるが、ここでは宗茂との親交に絞って見ていきたい。

忠興と宗茂

宗茂と細川忠興の交流がいつから始まったかは定かではないが、「京都伏見大坂町人御扶持方調」によると、元和七年（一六二一）に宗茂が柳川に戻る際の船を、忠興が提供していることを見ると、この前後から親交を深めていたものと推測される。宗茂は二月五日に京都・富士谷邸、二月十日に大坂・鍋屋邸に入り、二月十四日に柳川に向けて出船、その船を忠興（当時は豊前小倉）が提供している。

> 扨又元和七年酉正月廿一日再柳河江為御入城江戸御発駕、二月五日京都御着、小河六兵衛宅江被為入候、同月十日大坂御着、鍋屋吉右衛門土佐堀之宅江被為入、同十四日御乗船迄（其節御乗船ハ細川三斉公ゟ被差出候由）被遊御逗留候

元和二年（一六一六）に秀忠の御伽衆となってから、数寄屋御成への相伴が始まる寛永四年（一六二七）の十年ほどの間に、宗茂は忠興から茶の湯の影響を受けたのではないかと考

えられ、これが第三のターニングポイントと筆者は考える。なお、『寛永諸家系図伝』によると、元和八年(一六二二)に宗茂は秀忠より名物の御茶入を拝領、元和九年(一六二三)正月十三日には秀忠の茶席に陪席《ばいせき》するなど、宗茂の茶の湯に関する記事が増える時期でもある。

また寛永二年(一六二五)とされる、忠興から忠利に送った書状では、次のように宗茂を数寄に招いている。

明後五日之晩、両　御所様御前隙明時分、立飛騨殿へ茶を申候、榊左衛門尉御出候事、成間敷候哉、其方ゟ御尋候て可給候、恐々謹言

(「細川家史料」七ー一七一八)

弦付茶入

矢部誠一郎氏も取り上げている史料ではあるが、宗茂所持の「弦付《つるつき》茶入」について、忠興・

忠利の書状より一連のやり取りを追っていきたい。まず次の年未詳三月五日の忠興から忠利に宛てた書状であるが、弦付茶入を宗茂より忠興が借りたことが分かる。

已上
書中、又立飛州よりの御撚も、具ニ見申候、我等へも、先日此分ニ御申候つる、其方如被存候、我等ハ、拝領ノ尻フクラト山の井ならてハ、茶入ハ持不申候、残ハ何もあらみにて候、飛州よりとり申候ツル付ハ、一段おもしろキにて候間、せう〳〵ノ物ニかへ申事ハ不成事候、飛州と我等事候間、いかやうニもと存候へ共、数寄道具ハ、一切さやうニハなき物にて候、近日御すき候は、まつ返シ申候て、又可申請候、則唯今、茶入さん三郎ニ渡申候、茶入之そこね申所つくろい可申と、うるしを付申候へとも、のこいし進之候、兎角ニ可申請候間、御国へ御帰之時給候様ニ可被申入候、其内かへの茶入之事、たんかう可申候、状書そこなひ、中をツキ申候、恐々謹言
茶入ノ箱ノヲニ此印ツキ申候（ローマ字印）
三月五日　宗（花押）
（「細川家史料」七－一八一一）

唐物釣付茶入
（尾張徳川家伝来、『大正名器鑑』第二編より転載）

　これによれば、「我々（忠興・忠利）が所持している茶入は拝領の「尻フクラ」（利休尻膨茶入）と「山の井」（山の井肩衝）のみで、残りは何れも「あらみ」（新しく作られた物）であるが、宗茂の「ツル付」（弦付茶入）は一段と面白いものでそうそうの物には代えられない」と高く評価している。次の文の解釈は難しいが、宗茂と我々（忠興・忠利）の間柄であるので、そのままこの茶入を頂戴しても良いが、数寄道具をそのようにして手に入れてはならない、といった趣旨と考えられる。そして近々宗茂と数寄で会うので、いったん返却した上で、改めて所望するという方針としたようである。

　しかし、本件の続きと考えられる元和九年（一六二三）三月十九日の忠興から忠利宛の書状では、茶入を持っていない宗茂から取り上げるのはおかしいのではないかと、気持ちに変化が現れている。

一、立飛州御茶入之事、ひた殿より被仰越候間、我等とり相不申候へハいかゝ、と存、さ

れ事を申遣し候つる、就其、可給候との事候や事、
一、此地ニ御逗留中すきを御さた候へかしにて候事、
一、何かと申候へハ、大略きみの悪事共ニなり可申かと見申候、其上ハ給候ハヽ、何時も可申請候事、
世上之沙汰になり候へハ一興にて候間、いかやうニ成とも可被仕候、不苦也、
三
十九
宗（花押）
不入事ニ候へ共、我等ハ茶入持申候ニ、茶入無御所持飛州之御茶入とり申候事、おかしき仕合にて候、已上
（「細川家史料」二―三六〇）

しかしその三日後の三月二十二日や同時期の書状を見ると、結局のところ忠興は茶入を入手し、宗茂に御礼を述べている。

以上
書中、又従立花殿之撚、何れも令被見候、茶入給之由、満足之由可被申候、自此方も礼可申遣候、恐々謹言
三月廿二日

宗（花押）

（「細川家史料」二一―三六一）

書付得其意申候、飛州へ御懇意まんそくのよし可被申候、かしく

越中殿

三斎

（「細川家史料」二一―三六二）

大瀬戸茶入

中野等氏も『立花宗茂』の中で言及しているが、寛永六年（一六二九）正月に宗茂は大瀬戸の茶入を仙石政俊《せんごくまさとし》（一六一七～一六七四、信濃上田藩二代藩主）より購入する。なお、『立花宗

茂』や「細川家史料」では、茶入の所持者を仙石忠政《ただまさ》（一五七八～一六二八、信濃上田藩初代藩主）としているが、寛永六年には忠政は死去しているため、本書では政俊とした。その茶入の購入資金については忠興から融通されたため、忠興や忠利の書状に同記事が散見される。順に見ていくと、次の寛永六年正月十八日の忠利の書状において初めて取り上げられている。

一、立飛騨殿、仙兵太ニ御座候大せとの茶入御取候、就其、此前金銀御かし被成、左様之力もそひ如此候、満足仕候由、便ニ申上候様ニとの儀ニ御座候事、

（「細川家史料」九―二八六）

そして同年二月十一日の忠興から忠利への書状には、宗茂が借金の差し延ばしを申し出ており、いつまででも問題ないと述べている。

一、立飛騨殿仙兵太大瀬戸茶入御取之由、就夫、我々へ御借金御差延之由申来候、いつまても此方之儀者不苦候間、其段御気遣有間敷由、可被申候事

（「細川家史料」三―七二四）

これに関連して、同年閏二月十五日に、忠興が忠利に「仙兵介所ゟ立飛州御取候茶入、何程ニ御取候や、不入儀なから承度事」（「細川家史料」三―七三三）と茶入の値段について聞いており、同年三月八日の忠利の返書では、「仙兵太のせとの茶入、いか程ニ参候哉と、先便ニ被成御尋候、金百廿枚ニ、立飛州へ参候事」（「細川家史料」九―三〇二）、「仙兵太瀬戸の茶入立飛州へ金百廿枚ニ御取候由、書付見申候事」（「細川家史料」三―七四〇）とあって、金百二十枚であったことが分かる。

この借金については、同年十二月七日の忠利書状に「尚々、立飛州御申候ハ、いつそや被借下候金銀之残分御座候ハ、進上候へと、国へ申遣候」（「細川家史料」九―三四九）と十二月初旬にはまだ残っていたが、同月二十四日の忠興書状にて「立飛州返弁之銀子之事、はや埒明、其通互ニ申承候事」（「細川家史料」三―七八四）と、「埒明」（片付く）と書かれていて、完済されたことが分かる。

なお、この大瀬戸茶入のその後については不明である。江戸後期の道具帳「御茶道具御ひかへ帳」には茶入が数個記載されており、その筆頭には「一、古瀬戸茶入　一箱」とあり、また明治期の「書画茶器御能道具目録」の御茶箱御茶入之部の筆頭にも「一、古瀬戸　平桐箱入」とあるが、これが仙石政俊から購入した大瀬戸茶入か定かではない。

茶会の同席

御茶道具
御ひかへ帳
（〈公財〉立花家史料館蔵、柳川古文書館提供）

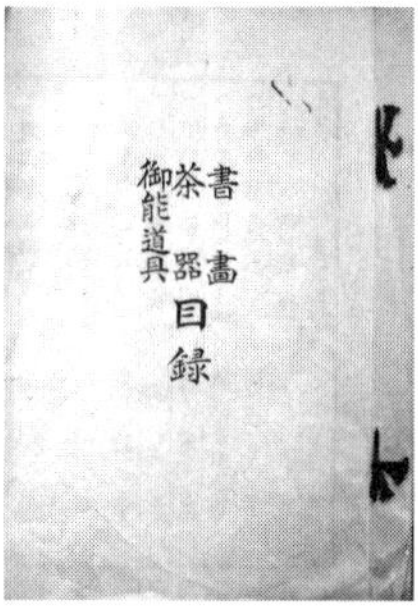

書画茶器御能道具
目録
（〈公財〉立花家史料館蔵、柳川古文書館提供）

寛永四年（一六二七）に宗茂と忠興は同じ茶会に参会している、矢部誠一郎氏も『綿考輯録《めんこうしゅうろく》』から詳細に取り上げているが、改めて見てみると、『徳川実紀』には次の通り、単純な記述しかない。

○十三日このほど西城にて連日の御茶あり。けふは加賀中納言利常卿。松平宮内少輔忠雄。京極若狭守忠高。藤堂和泉守高虎召れてまうのぼる。

○十四日西城にて朝夕両度の御茶。朝は細川

忠興入道三斎。松平越前守忠宗。細川越中守忠利。立花飛騨守宗茂。

（『徳川実紀』）

一方、「二三代将軍御会記」には、次の通り、口切の茶であったことや、道具組についても詳しく記されている（カッコ内は筆者による補足）。

寛永四丁卯年九月十三日　於西御丸
　台徳院様御口切
十三日　松平（前田）筑前守利常　松平（池田）宮内少輔忠雄
　京極若狭守忠高　藤堂和泉守高虎
十四日朝　細川三斎　細川越中守忠利
　松平（伊達）越前守忠宗　立花飛騨守宗茂
十五日晩　松平（蜂須賀）阿波守忠英　松平（山内）土佐守忠義
　松平（黒田）右ヱ門佐忠之　堀尾山城守忠晴
十六日朝　鍋嶋信濃守勝茂　佐竹修理大夫義隆

藤堂大学頭高次　伊達遠江守秀宗

御道具附

一　掛物　安国寺　虚堂　一　釜　筋　織部所持　一　水指　唐津

一　茶入　円座　一　茶碗　高麗　一　茶杓　二尊院

一　花入　都かへ里　一　香合　染付　石畳

（「三代将軍御会記」）

少し時代は下り、寛永十六年（一六三九）十一月十四日にも家光の茶会に宗茂と忠興が招かれている。

○十四日今朝小松中納言利常卿に御茶給はり。昼は細川忠興入道三斎。立花宗茂入道立斎へ御茶を下さる。夜にいり幸若舞御覧あり。けふ紀邸へ松平伊豆守信綱御使す

（『徳川実紀』）

また前日の十三日には、忠興が忠利宛に、池田帯刀（長賢）という上使から十四日朝の御茶について宗茂と申し合わせて登城するようにという言付があったと記している。

只今又、池田帯刀殿と申仁を御上使ニ被下候、先刻致登城候事も達　上聞候、明日ハ、朝も御数寄を被成候間、四ツ少前ニ到登城様ニ、立斎と申合可罷出由被　仰下候

（「細川家史料」七―一五九六）

さらにその五日後の寛永十六年十一月十九日、忠興（三斎）は帰国に際して、家光に拝謁している。『徳川実紀』には「〇十九日細川忠興入道三斎帰国の辞見し奉り。五条三位俊成卿。京極中納言定家卿両筆の書幅を御てづから給はる」としか記載されていないが、細川家の家史である『綿考輯録』には詳細が記され、ここでも宗茂が陪席していたとされる。

一十一月十八日、阿部豊後守殿上使として御帰国之御暇、白銀五百枚・御小袖五十例之通御拝領被成候、十九日右之御礼として御登城被成候、家光公より小堀遠江守正一殿・佐久間将監光広殿ニ御數地の事をつかさとらしめられ、三斎君を独客の御茶召れ

御手つから御茶を被下候、御茶終て後御書院に無準の墨跡一軸、俊成・定家一紙両筆の一軸を懸置れ、酒井讃岐守殿・小堀遠江守様を被差添被仰出候は、三斎君之御忠節委細被知召候故、忠利君をも御取立被成候、三斎君ハ御隠居之御事なる故、今迄何之御心入も不被遊候、此後何方に御座候共、御長命なる事是御奉公也、万一事あらは御後見御頼可被也、此弐軸ハ御愛翫なれ共、何れなりと御所望に任せらるへきとの事也、三斎君難有旨御請有り、以前台徳院様より金渡墨跡を被下候、然れハ仮名もの拝領仕度と被仰上、両筆を御頂戴被成候、

（中略）

一説、右御茶之時、立花立斎御勝手口より両三度御挨拶被申上候、

（中略）

床に懸物懸させ置たり、いつれニても気ニ入たるを可遣と有けれは、其時立花立斎近ふ寄て見被申候へ、三幅の御懸物は円語と密庵と俊成・定家両筆也と御挨拶被申候へハ、三斎公少御寄被成候而、扨々忝上意、兎角難申上候、左候ハヽ、上意次第ニ被為拝領被下候様ニと、立斎ニ向て被仰候得ハ、家光公夫ハ三斎ニ不似合、数寄道具ハ面々の物数寄か有ものなるにと被仰けれハ、三斎公左候ハヽ、此已然台徳院様より金渡之墨跡

を被為拝領候つる程ニと、立斎ニ向て被仰候得ハ、家光公被聞召、尤也、茶道来て両筆はつせと有けれハ、御茶道御懸物をはつし御前江参けれハ、御手つからきり〳〵と御巻なされ候而、則被為拝領候俊成・定家両筆ハ、始ハ堺之住人高石屋三郎左衛門所持せしなり、又説、円語と両筆と二幅御見せ被成候、密庵之事ハ不知と云々

（『綿考輯録』）

これによると、前日の十八日に阿部忠秋が上使として忠興の帰国の許可を伝え、翌十九日に忠興が御礼のために登城し、家光から御茶を振舞われている。史料の前半部分では、御茶の後に書院に懸けられた無準《ぶじゅん》（中国宋代の臨済宗僧、無準師範《ぶじゅんしはん》）の軸か俊成（藤原俊成）・定家（藤原定家）両筆の軸のいずれかを選ぶように言われ、以前に秀忠より金渡墨跡（中国宋代の臨済宗僧、拙庵徳光《せったんとくこう》の墨跡）を拝領したので、今回は仮名物の俊成・定家両筆の軸を拝領したとされ、『寛政重修諸家譜』にもほぼ同じ内容で伝わる。

一方、史料の後半部分では、一説によると二幅ではなく三幅が懸かっていて、その場に陪席していた宗茂より、軸は圜悟《えんご》（中国宋代の臨済宗僧、圜悟克勤《えんごこくごん》）、密庵《みったん》（中国宋代の臨済宗僧、密庵咸傑《みったんかんけつ》）、俊成・定家両筆だというご挨拶《あいさつ》があったとされる。さらに別説として、密庵

はなく、圜悟と俊成・定家両筆の二軸であったともされるが、実際のところは不明である。

晩年までの交流

宗茂と忠興は長年にわたり親交を深めてきた。例えば富士谷文書においては「内々申遣置候三斎人へ小袖拾、袷拾、今度箱ニ入、念入候て可被指下候、則此飛脚其元へ参請取、くたり候へと申付候」(「富士谷文書」九七)と、宗茂より富士谷に対して、忠興に着物を送るようにと指示している。また「細川家史料」にも宗茂に関する記事が多数確認され、寛永十五年(一六三八)十一月十九日に忠興が宗茂に宛てて出した書状がある。長文となるが次に引用する。

九月廿八日・十月十六日・同廿五日之御状、拝見仕候、

一、九月三日酒讃州下屋敷へ被為　成、御供ニ貴様御出候処ニ、同五日ニ貴様へ可被為成由被仰出、俄之儀故御辞退候へ共、猶以可被成御座とて、一日一夜ニ御茶屋なと被仰付、五日之四時分御近所にて御鉄砲被遊、昼自分鳫三御持せ被成、御料理被仰

付、池之鯉をも御打せ被成、無残所御気嫌にて、貴様へハ御はかまも不被為召、御年寄衆も讃州壱人御先へ御出、御相伴ニも貴様・讃州御両人迄にて、無残所御気嫌にて、色々御遊山之通具ニ被仰聞候、其上粟田口則国之御脇差御手つから御拝領之由、扨々、御仕合之段、近比目出度存候、貴様御満足之由、御尤存候、か様之御仕合、無類之儀と存候事、

一、讃州下屋敷へ十月廿日ニ被為　成候刻、御直ニ　御意にて、万事左近殿へ被相渡、貴様ハ御隠居候て、法躰被成、御心安御奉公候様ニとの儀ニ付、被任　上意之通、段々の御仕合無残所儀、目出度存候、就夫、為御祝儀以使者申入候、仍三種三荷令進入候、先日左近殿へ飛脚被遣候刻、我等への御言伝之通、左近殿ゟ被仰届候、忝存候事、

一、左近殿へも御悦申入候、弥御無事御座候、可御心易候、節々左近殿へ得御意候通、貴様へ被仰入由候て、御念入たる御書中、忝存候事、

一、如被仰越三斎事於御二之丸御茶被下、無残所仕合にて被下御暇、忝儀と申事候、八代へ無事ニ下著、其刻熊本へも立寄被申、口切なと仕、ゆる〳〵と其元の様子も物語被申候、我等満足可被成御推量候事、

一、爰元相替儀無御座候、来春参上之砌、懸御目、可得御意候、恐惶謹言

十一月十九日

立花立斎様

人々御中

（「細川家史料」二十四―五〇三九）

まず九月二十八日、十月十六日、十月二十五日と、宗茂から忠興に書状を出しており、この史料はその返事である。九月五日の宗茂邸御成の二日前に、酒井忠勝邸の御成に相伴した宗茂に対し、家光から翌々日五日の御成を打診され、急なのでお断りしたものの断り切れず、慌《あわ》てて準備をした様子が窺える。宗茂はその御成の内容や、十月二十日の酒井忠勝邸御成において隠居を許されたことなどを、忠興に対し克明に手紙を認めたようで、忠興から慰労の言葉がかけられている。

このように宗茂と忠興の親交は元和七年（一六二一）頃から始まり、晩年にまで至った。それは秀忠の御伽衆となった宗茂が、まだ茶の湯を充分に会得《えとく》していない時期からの交流であり、宗茂にとっても茶の湯を学ぶ貴重な機会であったに違いない。この忠興との親交

が、京都での浪牢生活、御伽衆に次ぐ三つ目のターニングポイントとなり、前章の数寄屋御成の相伴での活躍に繋がるわけである。

第七章　宗茂の茶道具

現在、柳川藩立花家に伝わる美術品は、立花家史料館に所蔵されている。しかしながら、その由来については、「立花家に伝わる茶道具類は、豊臣秀吉や家光から宗茂が拝領したという伝承のある茶壺以外は、ほとんどが入手の経緯など不詳である」（『柳川立花家の至宝』）というのが現状である。

平成十五年（二〇〇三）から十七年（二〇〇五）に実施された調査により、茶道具は三百五十五件あることが確認された。この成果は、『旧柳河藩主立花家伝来美術工芸品調査報告書』と『柳川の美術』Ⅱ（柳川文化資料集成　第三集－二）にまとめられたが、宗茂が関わったとされる茶道具は、前述の茶壺二点と香合一点のみである。

二つの茶壺

唐物茶壺は大坂城で豊臣秀吉から、瀬戸茶壺　銘「養老」は江戸下谷邸で徳川家光から、宗茂が拝領したと伝わる。

まず、唐物茶壺については、中国の南宋から元時代に作られ、ルソン（フィリピン）経由で日本に渡ってきたことより、「呂宋《るそん》壺」とも呼ばれている。胎土は灰白色で、その上に赤味を帯びた化粧土が塗られ、さらに褐色釉《かっしゅくゆう》がかかっている。耳は四つ付き、特長的なのはその耳の間に他に例を見ない蓮華王印がある。一般的に蓮華王の茶壺は、肩部に、上下を蓮華に挟まれた王印のあるものとされるが、本茶壺は「王」の字の上部に笹竜胆《ささりんどう》風の笠、下部に蝶《ちょう》形の台を施している。そのため立花家には「蓮華王壺」との名称でも伝わっている。口覆《くちおおい》は、紅地雲板唐草文金襴。紫長緒《むらさきながお》。紫網《むらさきあみ》。浅葱地二重蔓《あさぎじふたえづる》牡丹文緞子《どんす》の袋である。箱蓋裏貼紙墨書に「立花左近将監様　蓮華王御壺之渡」とある。

宗茂拝領 唐物蓮華王茶壺
〔口絵参照〕(〈公財〉立花家史料館 蔵)

次に、瀬戸茶壺　銘「養老」は、桃山時代に瀬戸にて製作されたものである。胎土は赤味を帯びた白土で、鉄釉で赤く発色した上に黒褐釉が勢いよく施されている。口覆は、桃色地菊文ビロード。紫長緒。白麻布に入っている。養老茶壺については、家光からの下賜を想起させる事項が複数の史料に散見されるため、若干の考察を試みたい。

　さて、両茶壺の伝承についてであるが、秀吉や家光より下賜されたというのは伝承のみで、

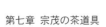

宗茂拝領 瀬戸二筋茶壺 銘「養老」
〔口絵参照〕（〈公財〉立花家史料館 蔵）

史料上で確認することはできない。ただし、養老茶壺については、家光からの下賜を想起させる事項が複数の史料に散見されるため、若干の考察を試みたい。

まず繰り返しとなるが、家光が宗茂邸に御成したのは寛永十五年（一六三八）九月五日と寛永十六年（一六三九）七月十八日の二度のみである。『徳川実紀』では前述の通り、茶壺を拝領したという記事は、両日ともに見られない。

寛永期に編纂《へんさん》された『寛永諸家系図伝』においては『徳川実紀』とほぼ同内容で、寛永十五年は「同年九月五日、将軍家、宗茂が館に渡御の時、粟田口則国の御脇差を拝領」、寛永十六年は「同年七月十八日、将軍家、宗茂が館に渡御」とのみ記され、やはり茶壺拝領の記事は見られない。

ところが、時代が下った寛政期の『寛政重修諸家譜』では、寛永十五年はほぼ同内容の「九月五日大猷院殿、宗茂が居邸にならせ給ひ、粟田口則国の短刀をたまふ」であるが、寛永十六年においては「七月十八日居邸にならせ給ひ、肩衝の茶入を恩賜あり」とあって、突如「肩衝の茶入」を賜ったとの記事が見られる。

一方で「立斎旧聞記」では寛永十六年の御成自体がなく、寛永十七年（一六四〇）の冬に茶入か茶壺か不明であるが、「瀬戸ノ大肩衝」を拝領したとある。

同十七年ノ冬、御鷹野ノ御還路ニ、過ニシ御遊思召出サレケルニヤ有ン、台駕ヲ寄サセ玉フニ、勧盃御心ヨク、御遊常ニ勝レテ、御気色頗ル快然タリ、此時瀬戸ノ大肩衝ヲ拝領アリ、此肩衝ヲ宗茂ヘト思召アテガハレ玉ヒケルニヤ、御成出御ノ時ヨリ持セ玉フ、有難キ御志ト可申奉

（「立斎旧聞記」）

なお、十七年冬の該当する記事としては、寛永十七年十二月に「〇十八日千寿へ御鷹狩あり。斎藤摂津守三友に命ぜられ。立花宗茂入道立斎が病をとはせ給ふ。近日寒威烈しければなり」（『徳川実紀』）と、宗茂が病を得て家光の上使から見舞いを受けているが、家光の訪問や拝領の記事は確認できない。また「当月五日ニ御鷹野ニ被為成、それ〻立花飛州

下屋敷へ被為成」（「細川家史料」二十四－四八八四）とあって、寛永十五年九月五日の宗茂邸御成は、鷹野（鷹狩）の帰りであったことがわかる。

これ以上の検討は史料上困難であるため、ここではいずれの史料にも寛永十六年七月十八日に肩衝の茶壺を拝領したとは記されていないが、さまざまな話が混在し、現在に伝わったのではないかと述べるに留めたい。

宗茂拝領 貝彫香合〔口絵参照〕
（〈公財〉立花家史料館 蔵）

貝香合

この貝香合は、家光（大猷院《たいゆういん》）から拝領したものと伝わっていて、虹色《にじいろ》に輝く真珠層を削り出して仕上げられたものである。母材の貝の種類は不明であるが、鳥や植物が施された、大変美しい香合である。『特別展「立花宗茂」図録』には「寛永十五年・一六三八、もしくは翌十六年の家光の下屋敷御成りの際、拝領した香合であることが、包紙に記されている」と解説されている。

丸壺の茶入

ここで、徳川秀忠より拝領した丸壺茶入について見ておく。寛永六年（一六二九）九月に拝領しているが、同年九月十四日の富士谷六兵衛宛の宗茂書状では「一昨日十二、自 相国様名物候而茶入致拝領」（「富士谷文書」六八六）とあることから、拝領したのが九月十二日であったことが分かる。また同年に仙石政俊から購入した茶入よりも小ぶりであったと、宗茂は次のように述べている。

猶々、下向候而、数奇ニあひ申度候、以上、

本屋敷左近へ相渡、新宅移候、為祝儀樽代百足到来、令祝着候、一段仕合能、自相国様名物之御茶入、致拝領候、外聞実儀満足申候、可有推量候、其方事達者ニ今程数奇出申由承及候、此茶入小ぶりニ候へ共、当春我等求候瀬戸茶入ニ能、薬も似申候、ちいさき計ニてこちと人もほめ申候、古瀬戸よし承寄小かたニて似合可申と存候間、進之候、我等も秘蔵申候つる様子ハ自壱岐守所可申候、謹言

飛騨
宗茂（花押影）
十月晦日　花押（宗茂公）
雪斎
（「藩史稿本類」二一）

この茶入は、宗茂が亡くなった後、子の忠茂に伝わるが、寛永二十年（一六四三）四月九日に、「一文字」の刀とともに宗茂の遺物として家綱に献上されたため、立花家には残されていない。

二十年四月九日父が遺物一文字の刀、及び丸壺の茶入をたてまつり、厳有院殿に延寿の刀を献ず
（『寛政重修諸家譜』）

これは、もともと「立花飛騨殿へ従　相国様、新庄駿河あけ申候丸壺之御茶入」（「細川家史料」九－三四〇）とあるように、新庄直頼（一五三八〜一六一三、常陸麻生藩初代藩主）から秀

忠に献上され、「新庄直頼→徳川秀忠→立花宗茂→立花忠茂→徳川家光」と伝わった丸壺茶入であるが、銘などが不明なため、その後の詳細は明らかではない。

さて、忠茂から家光に、宗茂の遺物として献上が行われた二年後の正保二年（一六四五）に、一つの丸壺茶入が遠州流茶道の祖として知られる小堀遠州（政一）に下賜される。『徳川実紀』の正保二年三月二十八日の条には、「伏見奉行小堀遠江守政一赴任の暇たまふとて。茶入丸壺を下さる」とある。

この記事について『寛政重修諸家譜』では、一か月ずれているが、「正保二年四月いとまたまふのとき御手つから立花丸壺の御茶入を賜はる」とあり、この丸壺茶入の銘が「立花」であったことがわかる。

なお、遠州は、正保二年十二月十八日の茶会にて、この立花（橘）丸壺茶入を初めて使用している。

一　床ノ内　掛物　虚堂
一　棚　上　橘丸壺　くり〳〵四角盆ニ乗
　　　　　　羽ほうき替鶴

下　金獅子香炉

中立

一　掛物巻　花入ひやう口勘平　水仙花

一　水差　瀬戸ひつミ　右之茶入置合テ

一　茶碗　瀬戸

一　こほし　合子

鎖之間右同断

（小堀宗慶編『小堀遠州茶会記集成』）

小堀遠州は正保四年（一六四七）二月に亡くなり、子の正之がこの立花丸壺茶入も引き継ぐが、同年九月六日に遠州の遺物として家光に献上される。

小堀大膳正之より。亡父遠江守政一が遺物立花丸壺の茶入。牧渓の掛幅を献じ。大納言殿へは青磁無鏑の花瓶をさゝげ奉る。

（『徳川実紀』）

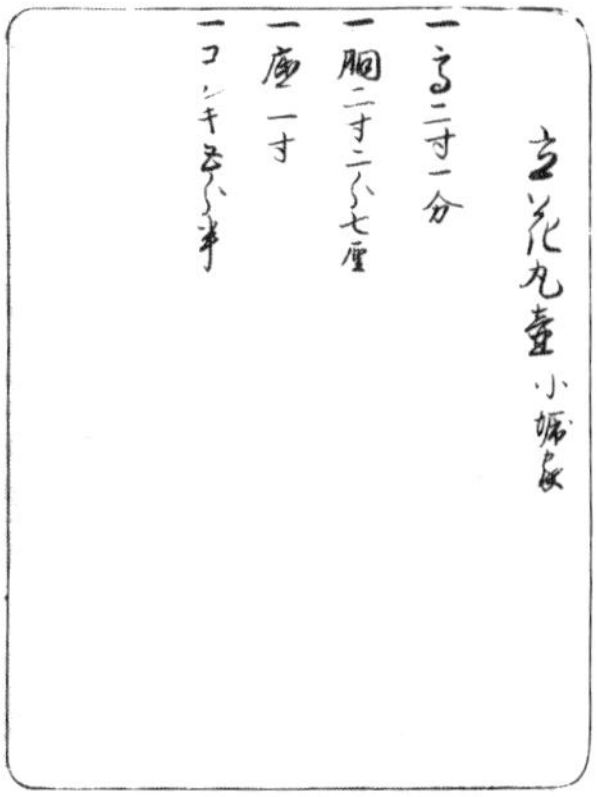

『古今名物類聚』（宮帯文庫 蔵）

この丸壺茶入「立花」であるが、名物茶入として知られ、例えば「茶道早学」の茶入之部では「〇丸壺　利休　金森　立花　寺沢」と、大名物の利休丸壺、金森丸壺、寺沢丸壺と並列して記載されている。

また松平不昧《ふまい》の『古今名物類聚《ここんめいぶつるいじゅう》』大名物茶入之部六では、小堀家所持と誤認されているものの、大名物茶入として記載されている。

立花丸壺　小堀家

一高二寸一分

一胴二寸二分七厘

一底一寸

一コシキ五分半

松平乗邑《のりさと》による『三冊名物集』では、さらに詳細に記載され、明暦三年（一六五七）に起きた明暦の大火で焼失したとされる。

遠州致仕ノ時、将軍手ツカラ賜ヒシ壺也
ミカンハ壺ノ胴ブクラ、其形似タレバ云フ
塞ハコシキト読ム、甑ノ誤用・口ノ立上ガリヲ云フ

○橘《唐物》丸壺　藤言《藤重藤言》方ゟ書付来　明暦三年於江戸焼失
一、高サ　二寸壱分　一、口　壱寸二厘　一、底　壱寸
一、みかん《蜜柑》指渡　二寸二分七厘　一、塞《コシキ》　五分半

（『三冊名物集』）

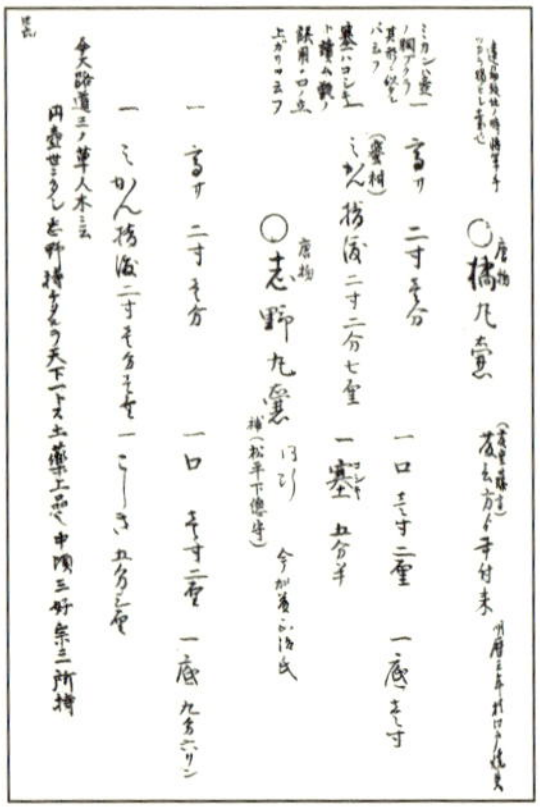

『三冊名物集』（宮帯文庫 蔵）

『三冊名物集』においては「橘」の文字が使われているが、寸法などから『古今名物類聚』大名物茶入之部六にあるものと同じ茶入と考えられる。こちらは小堀遠州門下の村田一斎に遠州流の茶の湯を学んだ桜山一有の「当流聞書口伝」においても、「一橘丸壺　拝領」および「一立花丸壺ノ茶入ハ家光様ヨリ遠江守拝領ナリ」と記載され、「立花」と

「橘」の併用が見られる。この「たちばな」については、小堀遠州門下の橘屋宗玄《たちばなやそうげん》から来ている可能性も考えたが、矢野環氏が『名物茶入の物語』の中で「丸壺のほとんどの名称は所蔵者から付けられている」と述べているように、この立花(橘)丸壺についても立花宗茂に由来すると筆者は考え、矢野環氏と同様の考えである。

また、矢野環氏は『君台観左右帳記の総合研究』の中で、小堀遠州に下賜される前の寛永二十一年(一六四四、正保元年)に記された「御数寄道具之帳」では、立花丸壺が五番長持にあるが、小堀正之から献上された後の慶安年間に記された「御物御道具覚」では一番長持に昇格していることも指摘している。なお、「御物御道具覚」では「立花丸壺　袋　今渡漢東／白極緞子／薄萌黄緞子　小堀遠江守」と三つの袋を有していたことが分かる。

ただし、「明暦三丁酉正月十九日ノ火事ニ到焼失名物御道具之覚」には「一立花丸壺　小堀遠江守」とあり、残念ながらその後の行方は不明である。

御道具売払

立花家に伝わる美術品は、いわゆる「売立」による流出はなかったが、明治三年

（一八七〇）、明治五年（一八七二）、明治六年（一八七三）の「売払」により一部が処分された。これらの売払については、「当時、立花家の経済状態は、それほど困窮していたわけではなかったということ、この売却が柳川城の火災直後であること」より、「不要となった膨大な道具類の管理が不可能となった理由で売却に至った」（『旧柳河藩主立花家伝来美術工芸品調査報告書』）と評価されている。

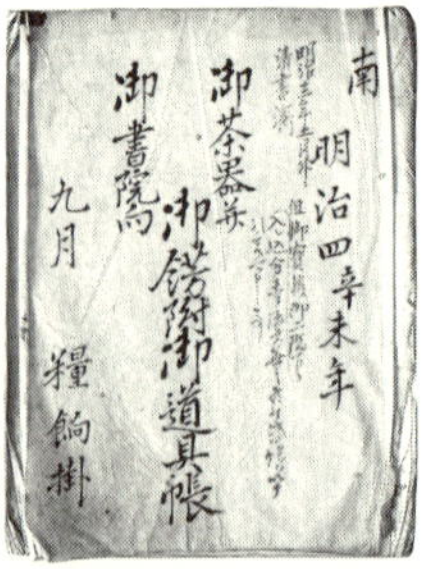

「御茶器并御書院向御錺付御道具帳」（〈公財〉立花家史料館蔵、柳川古文書館 提供）

立花家伝来 高麗三島茶碗
（覆輪付、〈公財〉立花家史料館蔵）

立花家伝来 高麗 粉吹茶碗
（〈公財〉立花家史料館蔵）

特に明治五年の売払では、「処分対象の中心となったものは武具と並んで茶道具であり、その数は五四〇件にのぼる」とされる通り、多くの茶道具が処分されている。その前年の明治四年の「御茶器并御書院向　御錺附御道具帳」には、処分前の茶道具が記載されているため、その一部を紹介したい。

五番
一御茶入　百五十八
但シ御棗共
一御天目台　三
一唐焼物御菓子重　一組
一青磁御硯屏　二
一朝鮮焼御筆洗　一
一焼物火灯　一
一南京焼卓下御花入　一
一焼物火灯　損物　一
一同鷹御香炉　同　一
一唐銅釣御香炉　同　二
一青禾《（楽）》焼向獅子同　同　一
一青磁孔雀御香炉　同　一
一同鳩御香炉　同　一
一御茶杓　五十弐本
一卓下御花入　南京焼損物　青磁　二
一御硯屏　損物　一
一御錺筆　壱本
一唐物御菓子盆　五枚

一同黒曲輪　三枚

一御茶碗天目　五

内壱ツ損物

一御硯屛　白菜焼物　一

一青磁取手附御香炉　一

一御天目台　二

内壱ツ唐栗

一⿸疒木人形御文鎮　一

一炭斗　浮壺便損物　一

一炉灰杓子　一

一南京染付御香合　一

一柄杓建　一

三ツ蓋無之

一御水継唐銅鉄物取交　八

一同御湯通　一

一御水指　廿弐

一南京焼御花入　一

一同　龍模様有　一

一御砂物鉢　丸形　三

一御葉茶壺　四

一唐銅獅子大御香炉　一

一朱塗平大御卓　一

一蒲池焼御風炉　三

一朽木御額　三

一唐銅雁御香炉　一

一同琴馬　一

一御茶碗　内拾ヲ損物　内三ツ御水翻カ　百三十弐

一御香合御香箱　九十二

内　御香合　五十二　内三ツ損物
　　御香箱　四十　内三ツ同断

一御蓋置　十四

一黒塗御水指棚　一脚
一朱同　二脚
一御茶臼　三
一二色手壺　一
一焼物大手水鉢　壱箱
一御釜　十八
　但シ台筒釜共
一鶏御香炉　壱
一万盆　弐枚
一錫之御茶壺　壱ツ
　但シ外箱入
一真鍮御火箸　弐揃
一御茶碗　新御本　壱
一同　黒楽焼　壱
一同　安南写宗佐作　壱

同史料は題目の通り、明治四年当時の茶道具・懸物の管理台帳で、全四十二丁、表紙に朱書で「明治十二年十一月外ニ清書済」とあり、本文中も一部朱書で訂正がなされているが、右の翻刻では朱書部は割愛した。

なお、「四番」（二十八丁裏～三十四丁表）と「五番」（三十四丁裏～四十二丁表）の記載はあるが、「一番」「二番」「三番」は見られない。ただし構成を見ると、一～十二丁表までが懸物（九十件、十二丁裏は白紙）、十三丁表～二十二丁も懸物（七十四件、二十二丁裏の四件は異筆のため元々は白紙であったと推察される）、二十三〜二十八丁表に硯箱や盆などの道具（四十件）となっており、これらが「一番」「二番」「三番」に相当すると考えられる。なお、「四番」は花入（四十六件）である。

このように、明治五年の売払前には、茶入だけでも百五十八個もあるなど、多くの茶道具の存在が確認されたが、全体的に伝来については不明な点が多く残されている。

また補足しておくと、宗茂以降の歴代藩主において、大名茶人と認知されるほど茶の湯を好んだ人物は、今のところ確認されない。ただし、現存するコレクションには、茶杓に「伝　千利休」とされるものが二本あり、そのうち一本は、筒に裏千家十一代玄々斎が墨書している。これらは、茶の湯が幕府内の儀礼や他大名との交流で必要となったため、江戸時代を通じて少しずつ蒐集されたものとみられる。なお、立花家の歴代藩主は次の通りである。

初代　宗茂（一五六七〜一六四二）、二代　忠茂（一六一二〜一六七五）、三代　鑑虎（一六四五〜一七〇二）、四代　鑑任（一六八三〜一七二一）、五代　貞俶（一六九八〜一七四四）、六代　貞則（一七二五〜一七四六）、七代　鑑通（一七二九〜一七九七）、八代　鑑寿（一七六九

〜一八二〇）、九代　鑑賢（一七八九〜一八三〇）、十代　鑑広（一八二三〜一八三三）、十一代　鑑備（一八二七〜一八四六）、十二代　鑑寛（一八二九〜一九〇二）

第八章　おわりに

以上の通り、宗茂の茶の湯は、京都での浪牢生活（一六〇一〜〇四）、徳川秀忠の御伽衆就任（一六一六）、細川忠興との親交（一六二一〜二六）を経て形成された。その結果、寛永四年（一六二七）以降の秀忠・家光御成の相伴といった活躍に繋がり、その集大成が宗茂邸への家光の御成と言えるだろう。

しかしながら、やはり勇猛果敢な武将として知られる宗茂が茶の湯に親しんだというイメージは薄く、それは現代に限らず当時の人々も同じであったようである。松屋久重が記した「松屋会記」には次のような記事が見られ、宗茂は茶の湯については不得意であるが、将軍家光に何でも自由に物申せる人であると認識されていた。

一、今度、江戸ニテ御茶湯、投頭巾ニ御茶入リ、御手前相済、御茶入ヲ客へ出シ見セサセラレ候時、我等ハ御茶入ニ取ツカス、年寄ケカヲ致シ候テ也、立花立斎ニ御見セ候へト云シ也、立斎ハ数寄事一向ブエテナレ共、上様江何事モ自由ニ申上ル人ナレハナリ

（「松屋会記」寛永十七年〔一六四〇〕）

ただし、晩年の宗茂は次のように、着物については千利休や津田宗及を意識するなど、戦に明け暮れた武将の面影はなく、悠々と茶を楽しんだようである。当時の茶の湯の衣装を知ることができる貴重な内容のため、細かく中身を見ていきたい。

若干意味が取りにくい箇所があるが、昔、利休や宗及が着ていた「たんこつむき」（丹後紬）は、茶色などに染めて一重（単衣）で八徳（俳諧の宗匠や画工などが着た胴服）となるような物を黒紬にして、二、三寸ほど短く仕立てて、上に「しゅきん」（朱金）をうたせた物を着ていたとある。そして、「こういう着物は近年あまり見ないが、昔から数寄（茶の湯）を行っている者は覚えているだろう。生地は丹後紬でも何でもよく、色も茶色でも黒色でもよいので、上に朱金を一筋うたせた物を送るように」と伝えている。

羽折十徳一段見事ニ候、せりニ具ニ申候、頃之便宜ニしやの事、申遣候、もんなしニて候、宗元調下し候、一段よく候へ共、事之外手ニもきる物にもうつり候て、めいわく申候、くろく候へハ、何としてもうつり候由申候、さやうニ候ハヽ、こびちやか何ニても色ハ少悪敷候共、うつり候ハぬ様ニ仕度候、しきしやうのはうずニても無之候間、いか様之事ニても不苦候、冬ノ小袖なともいか様ニ成共、其もと坊迄寄合候へく候間、能様ニ頼入候、むかし利休・宗及なといつも着仕候たんこつむき、ちやなとニそめ候て一重ニはつとくと哉らん申候物ヲくろ紬ニ仕、きる物ニ二寸三寸ほとみしかく仕、うへニしゆきんを仕候てき申候つる、近年見不申候、ふるきすきなと仕候衆覚可申候、地ニたんこニても何ニても、色も茶ニニても黒ニても、しゆきんも一すちうたせ可給候、冬ノきる物共くたし候時ニても、又跡より成共、頼入候、以上、

霜ノ十五　立斎（花押）
ふしや
紹味

（「富士谷文書」五〇）

次の茶会記は、寛永十七年（一六四〇）に江戸で開かれた小堀遠州の茶会記である。正客に宗茂が入り、他には永井左近（永井尚政の長男・尚征カ）、本多下総（俊次）、松平能登（定政）、永井大和（永井尚政の次男・尚保）らであった（カッコ内は著者による補足）。

同（寛永十七年二月）十日の朝

一掛物・棚の飾右同（掛物清拙・棚、上ノ重、青地四角香炉、下ノ重、布袋香合・羽箒）

中立

一掛物巻、花入右同（花入あまつら耳）、ほけ・ふくつく草入

一水さし右同（水指膳所焼）

一茶入在中庵、水さしニ置合テ、柄杓風炉先ノ敷居ニかけて

一下ノ棚ニ羽箒

一茶わん長崎高麗

一水こほし膳所やき

立花立斎老

永井左近殿

本多下総殿

（「近江孤篷庵 小堀遠州茶会記」）

松平能登殿

永井大和殿

このように、近しい人々と茶の湯を楽しむ晩年は、宗茂にとって有意義なものであっただろう。武勇の士としての宗茂は広く知られるところであるが、こうした「文」の側面にも着目し、宗茂の人間性の深みに触れていただければ幸いである。

立花宗茂略年譜

和暦	西暦	年齢	事項	茶の湯関連事項	関連事項
永禄10年	1567	1	父・高橋紹運、母・宋雲院の長男として誕生、幼名千熊丸。		
永禄12年	1569	3	父・紹運とともに岩屋城に移る。		父・紹運、高橋家を継ぎ岩屋城に移る。
元亀2年	1571	5			七月、戸次道雪、立花城に入る。
天正元年	1573	7			室町幕府滅亡。
天正3年	1575	9			五月、戸次道雪、家督を娘・誾千代に譲る。
天正6年	1578	12			十一月、耳川の戦いにて大友軍大敗。
天正9年	1581	15	八月、戸次道雪の養子となる。十一月、道雪・紹運、秋月勢とともに筑前国穂波郡潤野原に戦う。この頃、道雪は筑後各地を転戦、宗茂は筑前立花城の留守を護る。		
天正10年	1582	16	十一月、立花城にて「御旗・御名字」の御祝、名字を戸次から立花に改める。		六月、本能寺の変。
天正12年	1584	18			三月、龍造寺隆信、沖田畷の合戦で敗死。
天正13年	1585	19	九月、道雪、筑後国北野の陣中で死去。		秀吉、四国平定。

天正14年	1586	20	七月、岩屋城が落城し、紹運戦死。八月、実弟高橋直次の守る宝満城落城。実弟直次・実母宋雲院は島津方に捕えられる。その後、島津勢に立花城を包囲されるが、島津勢撤兵の隙に、島津方の糟屋郡高鳥居城を奪還する。この時、秀吉より、黄金造の「国俊」の太刀と羽織を拝領する（『寛政重修諸家譜』）。		十二月、秀吉が太政大臣となり、豊臣の姓を賜る。
天正15年	1587	21	四月、筑前秋月にて秀吉に謁見。島津攻めの先鋒を命じられる。この時、「備前遠近」の刀、甲冑、羽織を拝領する（『寛政重修諸家譜』）。五月、薩摩からの帰途、鷹野賢賀に立花の名字を許す。六月、筑後三郡十三万二千二百石を与えられ、羽柴の姓を許され、柳川城に入る。		秀吉、九州平定。
天正16年	1588	22	七月、従五位下、侍従に、同月従四位下に任ぜられる。		七月、刀狩り令・海賊停止令。
天正17年	1589	23		一月、実弟直次とともに神屋宗湛の茶会に招かれる。	
天正18年	1590	24	五月、尾村連続から弓術免許。九月、検地の結果を受け家臣に知行坪付を与える。十月までの間に妻子を伴い大坂へ上り、しばらく在坂。		秀吉、全国統一。
天正19年	1591	25	前年に秀吉から命じられた肥前名護屋城の普請を行う。十二月、肥後の豊臣蔵入米の名護屋廻漕を命じられる。		二月、千利休切腹。十二月、秀吉、関白職を豊臣秀次に譲る。

文禄元年	1592	26	四月、文禄の役で小早川隆景を主将とする第六軍に組織され、朝鮮半島釜山へ渡海、漢城へ北上。渡海に先立ち「統虎」から「宗虎」へ改名。		四月、文禄の役。
文禄2年	1593	27	六月、晋州城陥落。ついで朝鮮半島南岸での在番を果たすべく、亀浦倭城及びその「端城」の普請にかかる。この頃「正成」に改名。閏九月、小早川家家老と亀浦倭城の在番を継続。		四月、明と講和する。
文禄3年	1594	28	この年後半から文禄四年前半頃に「親成」に改名。		
文禄4年	1595	29	九月、日本に帰還。		七月、豊臣秀次切腹。八月、大坂城中壁書を発布。
慶長元年	1596	30	三月、三瀦郡北部を割譲される。十月、丸目蔵人より剣術免許。		
慶長2年	1597	31	七月、慶長の役で再び渡海、釜山城に入る。		二月、慶長の役。
慶長3年	1598	32	十一月末～十二月初、日本に帰還。		八月、秀吉、死去。十一月、日本軍、朝鮮より撤退。
慶長4年	1599	33		一月、島津義弘・忠恒らと徳川家康の茶会に招かれる。	

慶長5年	1600	34	七月、西軍に加担し、八月、近江大津城主・京極高次を攻める。九月、京極高次が降伏したため、関ヶ原には参陣できず。関ヶ原の敗戦に接し大坂籠城を説くが、賛同なし。十月、柳川に帰還し、鍋島勢と交戦。和睦が成立し、西軍に加担した島津氏攻めの軍勢に加わる。この頃、一時的に「政高」を名乗り、ほどなく「尚政」と改める。		九月、関ヶ原の戦い。
慶長6年	1601	35	改易され肥後高瀬に寓居、筑後には田中吉政が入る。七月、家康への釈明のため大坂へ上る。上方滞在。十月、中江新八から日置流弓術免許。		八月、上杉景勝、家康に謝罪。
慶長7年	1602	36	三月、吉田茂武から日置流弓術免許。十月、正室闇千代(光照院)、肥後玉名郡腹赤村で死去。		
慶長8年	1603	37	十月、家康・秀忠に召され、陸奥棚倉に一万石を賜る。		二月、徳川家康、征夷大将軍となり、江戸幕府を開く。
慶長10年	1605	39	この頃「俊正」と改名。		四月、徳川秀忠、二代将軍となる。
慶長11年	1606	40	九月、秀忠に拝謁し奥州南郷に領地を与えられる。		
慶長14年	1609	43			二月、筑後国主田中吉政、伏見で客死。四男忠政、跡を継ぐ。
慶長15年	1610	44	七月、陸奥赤楯・上総山辺郡の二万石を加増され三万石となる。		
慶長16年	1611	45	四月、実母宋雲院死去。		

慶長17年	1612	46	七月、実弟直次に四男忠茂が誕生し、養子とする。		
慶長18年	1613	47	一月、直次を伴い、秀忠に謁見する。		
慶長19年	1614	48	直次とともに大坂冬の陣に従う。		十一月、大坂冬の陣。
元和元年	1615	49	大坂夏の陣に従う。		五月、大坂夏の陣、豊臣氏滅亡。六月、古田織部切腹。
元和2年	1616	50		十二月、秀忠の御伽衆となる。	四月、家康死去。
元和3年	1617	51	七月、実弟直次死去。		
元和6年	1620	54	十一月、田中家の改易にともない、旧領の筑後柳川への再封決定。十万九千六百余石を賜り、柳川城に入る。		八月、田中忠政死去。田中家無嗣断絶のため改易。閏十二月、丹波福知山の有馬豊氏に北筑後が与えられる。
元和7年	1621	55	一月、幕府より暇を出され、二月、柳川に入る。九月、「柳川再城之御連歌」催行。	この頃より細川忠興との親交が始まる。	一月、甥種次（直次長子）の三池再封決定。
元和8年	1622	56	十月、江戸参府。元清願寺前に江戸屋敷の普請を開始。十二月、忠茂元服。宗茂は飛騨守と改める。	秀忠の御相伴の列に加えられ、名物の御茶入を拝領。	
元和9年	1623	57		一月、秀忠の茶席に陪席。忠興と弦付茶入について書状を交わす。	七月、徳川家光、三代将軍となる。
寛永元年	1624	58	四月、江戸で継室矢島氏（法号瑞松院）死去。		
寛永2年	1625	59	この年は在府し、秀忠・家光に近侍。	忠興の茶会に参加。	

寛永3年	1626	60	三月、三池藩主立花種次死去。八月、秀忠・家光の上洛に近侍。		
寛永4年	1627	61	この年は在府し、秀忠・家光に近侍。	数寄屋御成に相伴(十回)。秀忠の茶会に参加(二回)。	
寛永5年	1628	62	大坂城の石垣を修造する。	数寄屋御成に相伴(八回)。秀忠の茶会に参加(二回)。	
寛永6年	1629	63	江戸下屋敷の普請開始。完成後、上屋敷を忠茂に渡し、下屋敷に転居。「内儀」の隠居となる。	数寄屋御成に相伴(十四回)。秀忠・家光の茶会に参加(四回)。一月、仙谷政俊から大瀬戸茶入購入。九月、秀忠より丸壺茶入拝領。	紫衣事件。
寛永7年	1630	64	十二月、忠茂が永井尚政の娘長姫と祝言。	数寄屋御成に相伴(十回)。	十月、藤堂高虎死去。
寛永8年	1631	65		数寄屋御成に相伴(五回)。	
寛永9年	1632	66			一月、秀忠死去。
寛永10年	1633	67	五月、家中の軍役道具を定める。		十二月、徳川(駿河)忠長切腹。
寛永11年	1634	68	四月、家光に近侍して上洛、参内する。十二月、忠茂室永井氏死去。	家光の茶会に参加(二回)。	
寛永12年	1635	69	忠茂参府に先立ち、上屋敷の新築開始。春、忠茂参府。七月、紹運五十回忌。	家光の茶会に参加(一回)。	
寛永13年	1636	70	五月、忠茂下国。それに先立ち、立花家の仕書を忠茂へ委譲。江戸城虎ノ門の普請をし、羽織を拝領する。この年、五万両を貸与される。	数寄屋御成に相伴(二回)。	三月、酒井忠世死去。五月、伊達政宗死去。

寛永14年	1637	71	十二月、忠茂原城に着陣。立花勢が主力となり原城三の丸を攻撃。		閏三月、丹羽長重死去。十月、島原の乱。
寛永15年	1638	72	一月、原城討伐命令が下る。着陣し、原城を総攻撃して陥落。十月、隠居を許され家督を忠茂に譲る（時期については異説あり）。十月二十日、法体となり「立斎」と号す。	数寄屋御成に相伴（一回）。家光の茶会に参加（一回）。九月五日、家光の宗茂邸への御成があり、「粟田口則国」の短刀を拝領。	
寛永16年	1639	73	二月、家光の酒井忠勝邸への御成の時、頭巾を拝領し、御前にてかぶることを許される。九月、家光の東海寺への御成の時、杖を拝領し、御前にて用いることを許される。	家光の茶会に参加（二回）。七月十八日、家光、宗茂邸に御成。この時肩衝茶入を拝領する（『寛政重修諸家譜』）。忠茂は「延寿国時」の刀を拝領。	
寛永17年	1640	74		小堀遠州の茶会、松屋久重の茶会に参加。	
寛永18年	1641	75	一月、忠茂、従四位下叙任。宗茂、八月より眼病悪化。		
寛永19年	1642	76	五月、忠茂下国。宗茂、七月頃より死の床に臥す。十一月二十五日、死去。江戸下谷広徳寺に葬られる。		
寛永20年	1643		四月、忠茂が父宗茂の遺物「一文字」の刀と丸壺茶入を将軍家綱に献上する。		
大正4年	1915		十一月、贈従三位。		

参考文献・史料

第一章

中野等『立花宗茂』(二〇〇一年、吉川弘文館)

中野等・穴井綾香『近世大名立花家』(二〇一二年、柳川市)

三池純正『九州戦国史と立花宗茂』(二〇一三年、洋泉社)

九州国立博物館編『戦国大名 九州の群雄とアジアの波涛』(二〇一五年、忘羊社)

立川輝信「大友宗麟と茶道」(『大分縣地方史』第13~16合併号、一九五八年、大分縣地方史研究会)

外山幹夫『大友宗麟』(一九七五年、吉川弘文館)

「山上宗二記」(『茶道古典全集』第六巻、一九五八年、淡交新社)

第二章

熊田葦城『茶道美談』(一九二一年、実業之日本社)

岡茂政『柳川史話』(一九八四年、青潮社)

『徳川実紀』第弐編(一九〇四年、経済雑誌社)

矢部誠一郎『日本茶の湯文化史の新研究』(二〇〇五年、雄山閣)

矢部誠一郎『利休随一の弟子――三斎 細川忠興』(二〇一五年、宮帯出版社)

拙稿「柳川藩主立花宗茂の茶の湯」(『茶の湯文化学』十三号、二〇〇七年、茶の湯文化学会)

「立斎旧聞記」(『続々群書類従　第三』、一九七〇年、続群書類従完成会)

第三章

「宗湛日記」(『茶道古典全集』第六巻、一九五八年、淡交新社)
「京都伏見大坂町人御扶持方調」(『柳河藩政史料』一、一九六九年、藩政史料刊行会)
『柳川市史』史料編V近世文書(前編)(二〇一一年、柳川市)
竹貫元勝『紫野大徳寺の歴史と文化』(二〇一〇年、淡交社)
佐藤虎雄『紫野大徳寺』(一九六一年、河原書店)
寺田貞次『日本風俗沿革圖説』(一九三二年、山本文華堂)
「碧玉庵由来」(柳川古文書館所蔵)
唐橋世済『豊後國史』(一九三一年、朋文堂)
佐藤蔵太郎『豊後史蹟考』(一九七六年、歴史図書社)

第四章

「柳河藩政一班」(『福岡県史資料』第六輯、一九三六年、福岡県)
穴井綾香「富士谷文書「立花家歴代藩主書状」について」(『九州文化史研究所紀要』第五十一号、二〇〇八年、九州大学附属図書館付設記録資料館九州文化史資料部門)
管宗次『富士谷御杖の門人たち』(二〇〇一年、臨川書店)

「京羽二重」(『増補京都叢書』第六巻、一九三六年、増補京都叢書刊行会)
「先祖記」(『研究紀要』第9号、二〇〇〇年、野村美術館)
「町人考見録」(『徳川時代商業叢書』第一、一九一三年、国書刊行会)
安田篤生「江戸時代における光琳像の変遷について(上)――正徳～宝暦――」(『愛知教育大学研究報告』50、二〇〇一年、愛知教育大学)
『宇治市史』3(一九七六年、宇治市役所)
穴田小夜子「江戸時代の宇治茶師」(『学習院史学』第八号、一九七一年、学習院大学史学会)
坂本博司「三入宛書状の研究 その三――本多康俊・俊次父子の場合――」(『平成9年度・1997 宇治市歴史資料館年報』、一九九七年、宇治市歴史資料館)
『佐賀県史料集成』古文書編 第22巻(一九八二年、佐賀県立図書館)
『佐賀県史料集成』古文書編 第23巻(一九八三年、佐賀県立図書館)
『上林三入家文書』(一九九三年、畠山記念館)
『大名と茶師――三入宛の書状を中心に――』(一九九三年、宇治市歴史資料館)
『柳川歴史資料集成 第三集 柳河藩立花家分限帳』(一九九八年、柳川市)

第五章

桑田忠親『大名と御伽衆』(一九四二年、青磁社)
佐藤豊三「将軍家「御成」について」(一)～(九)(『金鯱叢書』創刊号～第13輯)

矢部誠一郎「徳川秀忠と数寄屋御成の成立」（『日本茶の湯文化史の新研究』、二〇〇五年、雄山閣）
熊倉功夫「徳川秀忠の茶の湯」（西山松之助先生古希記念会『江戸の芸能と文化』、一九八五年、吉川弘文館）
『大日本近世史料　細川家史料　二十三』（二〇一二年、東京大学出版会）
『大日本近世史料　細川家史料　二十四』（二〇一四年、東京大学出版会）
「公方様御茶会記」（『茶書研究』第二号、二〇一三年、茶書研究会）
「秀忠公宗茂公御代西御露地江御成之節御茶室図」（「諸絵図箱」16-1、柳川古文書館所蔵）
「文政武鑑」（国立国会図書館所蔵）
末宗廣『茶人系譜（新編）』（一九七七年、河原書店）
「古今囲之図　全」（宮帯文庫所蔵）

第六章

『大日本近世史料　細川家史料　二』（一九七〇年、東京大学出版会）
『大日本近世史料　細川家史料　三』（一九七二年、東京大学出版会）
『大日本近世史料　細川家史料　七』（一九八〇年、東京大学出版会）
『大日本近世史料　細川家史料　九』（一九八四年、東京大学出版会）
「二三代将軍御会記」（『茶の湯文化学』八号、二〇〇一年、茶の湯文化学会）
『綿考輯録』第三巻、忠興公（下）（一九八九年、汲古書院）

第七章

『柳川立花家の至宝』(二〇〇九年、福岡県立美術館／御花史料館)
『旧柳河藩主立花家伝来美術工芸品調査報告書』(二〇〇六年、柳川市教育委員会)
『柳川の美術Ⅱ　柳川文化資料集成　第三集-二』(二〇〇七年、柳川市)
「藩史稿本類」(『柳川市史』史料編Ⅴ近世文書(後編)、二〇一二年、柳川市)
鹿田静七『茶道早学　三篇　上』
『古今名物類聚　上』(一九三八年、日本古典全集刊行会)
松山米太郎編『三冊名物集』(一九三四年、秋豊園)
矢野環『名物茶入の物語』(二〇〇八年、淡交社)
矢野環『君台観左右帳記の総合研究』(一九九九年、勉誠出版)
世田谷区立郷土資料館編『続石井至穀著作集』(一九九二年、世田谷区教育委員会)

第八章

「松屋会記」(『茶道古典全集』第九巻、一九五七年、淡交新社)
「近江孤篷庵小堀遠州茶会記」(『研究紀要』、一九九四年、野村美術館)

あとがき

平成二十九年（二〇一七）七月二十九日、筆者は大徳寺塔頭大慈院の宗茂公墓石の前で、大慈院住職・戸田惺山《せいざん》和尚の読経に聞き入っていた。蝉《せみ》の声が鳴り響く中、宗茂公の墓前で本書の刊行について祈願した。

さて、本書は、筆者が平成十六年（二〇〇四）に九州大学文学部に提出した卒業論文「立花宗茂の茶の湯」を基としている。卒業論文のテーマについて模索する中で、偶然手に取った『福岡県史』（近世史料編柳川藩初期）に所収されている「富士谷文書」に、多数の茶に関する史料を発見したときの衝撃は、今でも鮮明に記憶している。

その後、学会報告や学会誌への投稿などを行ってきたが、いつかはこれらをまとめて本の形にしたいと考えていた。そんな折、宮帯出版社社長・宮下玄覇氏から、宗茂生誕四五〇年の記念出版として、本書執筆のお声がけをいただいた。宮下氏は立花家当主のご令嬢から共通の知人を通してイベント協力の依頼があり、その一環として本書を企画されたという。この本が存在するのは、ご令嬢のおかげとも言えなくはない。

筆者は大学などの研究機関には所属しておらず、平成十九年（二〇〇七）より在籍している住友電気工業（株）に勤務する傍ら、茶道史の研究を行ってきた。いわゆる「在野の研究者」となるわけだが、そのような者に機会を与えてくれた宮下氏と、また業務とは一切関係ない研究活動にもかかわらず、後押ししてくれている住友電気工業（株）の懐の深さには大変感謝している。

本書を刊行するにあたっては、史料を所蔵する立花家史料館、柳川古文書館のご協力なくしては実現し得なかったと思っている。また出版にあたっては、宮帯出版社の飯田寛氏と中岡ひろみ氏、田中愛子氏に大変お世話になった。心からお礼を申し上げたい。

平成二十九年十二月吉日

岡　宏憲

〔著者紹介〕

岡 宏憲（おか ひろのり）

1982年、長崎県生まれ。2007年、九州大学大学院人文科学府歴史空間論専攻日本史学専修修士課程修了。2007年より住友電気工業(株)に入社、業務の傍ら茶道史研究を行う。専門は近世茶道史。茶の湯文化学会幹事、茶書研究会研究調整幹事。論文に「柳川藩主立花宗茂の茶の湯」(『茶の湯文化学』十三号、2007年)などがある。

宮帯茶人ブックレット

生誕四百五十年記念出版 立花宗茂

——将軍相伴衆としての後半生——

2017年12月31日 第1刷発行

著　者 岡 宏憲

発行者 宮下玄覇

発行所 株式会社宮帯出版社

京都本社 〒602-8488

京都市上京区真倉町739-1

電話 075-441-7747(営業) 075-441-7722(編集)

東京支社 〒160-0017

東京都新宿区左門町21

電話 03-3355-5555

http://www.miyaobi.com

振替口座 00960-7-279886

印刷所 シナノ書籍印刷株式会社

 ISBN978-4-8016-0136-9 C0023